AF275172

Disfrute gratuitamente **DURANTE UN AÑO** de los eBook y audiolibros de las obras de Editorial Colex*

◈ Acceda a la página web de la editorial **www.colex.es**

◈ Identifíquese con su usuario y contraseña. En caso de no disponer de una cuenta regístrese.

◈ Acceda en el menú de usuario a la pestaña «Mis códigos» e introduzca el que aparece a continuación:

RASCAR PARA VISUALIZAR EL CÓDIGO

◈ Una vez se valide el código, aparecerá una ventana de confirmación y su eBook y/o audiolibro estará disponible **durante 1 año desde su activación** en la pestaña «Mis libros» en el menú de usuario.

> * Los audiolibros están disponibles en las ediciones más recientes de nuestras obras. Se excluyen expresamente las colecciones «Códigos comentados», «Biblioteca digital» y los productos de www.vademecumlegal.es.

No se admitirá la devolución si el código promocional ha sido manipulado y/o utilizado.

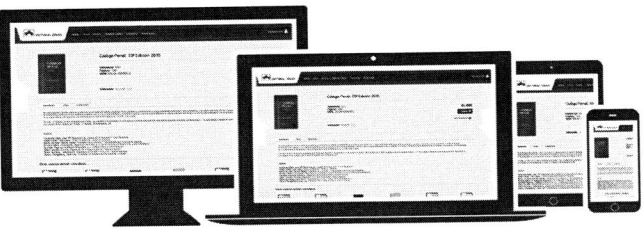

¡Gracias por confiar en nosotros!

La obra que acaba de adquirir incluye de forma gratuita la versión electrónica. Acceda a nuestra página web para aprovechar todas las funcionalidades de las que dispone en nuestro lector.

Funcionalidades eBook

Acceso desde cualquier dispositivo con conexión a internet

Idéntica visualización a la edición de papel

Navegación intuitiva

Tamaño del texto adaptable

Síguenos en: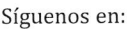

EQUIPOS DE PROTECCIÓN INDIVIDUAL (EPIs)

EQUIPOS DE PROTECCIÓN INDIVIDUAL (EPIs)

2.ª EDICIÓN 2024

Obra realizada por el Departamento de
Documentación de Iberley

COLEX 2024

SUMARIO

0.
INTRODUCCIÓN Y PRIORIDAD DE LA PROTECCIÓN COLECTIVA FRENTE A LOS EPI

El art. 17 de la LPRL especifica que los equipos de protección individual (EPI) solo deben emplearse como último recurso, cuando los riesgos no puedan ser suficientemente limitados por protecciones colectivas o por la organización del trabajo.

Los EPI son elementos diseñados para ser llevados o sujetados por el trabajador con el objetivo de protegerlo contra uno o varios riesgos que puedan amenazar su seguridad o salud en el trabajo. Aunque la Ley de Prevención de Riesgos Laborales (LPRL) establece la preferencia por las medidas de protección colectiva sobre las individuales, los EPI se convierten en herramientas cruciales cuando aquellas no son suficientes para controlar los riesgos presentes.

Los EPI pueden clasificarse en varias categorías, dependiendo de la parte del cuerpo que protegen o del tipo de riesgo contra el que ofrecen protección. Algunos ejemplos incluyen:

- Protección para la cabeza: Cascos de seguridad que protegen contra impactos, objetos en caída y, en algunos casos, contra riesgos eléctricos.
- Protección ocular y facial: Gafas de seguridad, pantallas faciales y máscaras que protegen contra impactos, salpicaduras químicas, radiación y partículas en el aire.
- Protección auditiva: Tapones y orejeras que reducen la exposición al ruido, previniendo la pérdida auditiva inducida por ruido.
- Protección respiratoria: Mascarillas, respiradores y equipos de respiración autónoma que protegen contra la inhalación de polvos, vapores, gases y partículas peligrosas.
- Protección de manos y brazos: Guantes de seguridad que ofrecen protección contra cortes, abrasiones, productos químicos, y temperaturas extremas.
- Protección de pies y piernas: Calzado de seguridad que protege contra la perforación, impactos, productos químicos, y temperaturas

extremas. También incluye polainas y espinilleras para protección adicional.

— Protección contra caídas: Arneses, líneas de vida y otros dispositivos diseñados para prevenir o detener caídas desde altura.

La selección de los EPI adecuados debe basarse en una evaluación de riesgos detallada, considerando la naturaleza del trabajo y los riesgos específicos involucrados. Es fundamental que los EPI sean:

— Adecuados para los riesgos identificados y las condiciones en el lugar de trabajo.

— Ajustados correctamente al usuario, teniendo en cuenta la comodidad y la capacidad para realizar el trabajo.

— Mantenidos en buen estado y reemplazados cuando sea necesario.

— Utilizados correctamente por los trabajadores, quienes deben recibir formación sobre su uso, mantenimiento y limitaciones.

Esta guía permite ayudar al lector en la implementación efectiva de los EPI en el lugar de trabajo partiendo de un enfoque integral que incluya la evaluación de riesgos, la selección adecuada de equipos, la formación de los trabajadores y la supervisión continua para asegurar su uso correcto y eficaz.

1.
¿QUÉ ES UN «EQUIPO DE PROTECCIÓN INDIVIDUAL»?

Se entenderá por **equipo de protección individual** «cualquier equipo destinado a ser llevado o sujetado por el trabajador para que le proteja de uno o varios riesgos que puedan amenazar su seguridad o su salud, así como cualquier complemento o accesorio destinado a tal fin» (art. 2 del Real Decreto 773/1997, de 30 de mayo en consonancia con la Directiva 89/656/CEE del Consejo, de 30 de noviembre de 1989).

El anexo II del Real Decreto 773/1997, de 30 de mayo (recientemente modificado por el Real Decreto 1076/2021, de 7 de diciembre) contiene una **lista indicativa y no exhaustiva de los tipos de equipos de protección individual en relación con los riesgos contra los que protegen.**

Protectores de la cabeza	Cascos o gorras/ pasamontañas/ protectores para la cabeza para proteger contra:	Golpes resultantes de caídas o proyecciones de objetos.
		Choques contra un obstáculo.
		Riesgos mecánicos (perforaciones, abrasiones).
		Compresión estática (aplastamiento lateral).
		Riesgos térmicos (llamas, calor, frío, sólidos calientes incluidos metales fundidos).
		Choque eléctrico.
		Riesgos químicos.
		Radiación no ionizante (radiación UV, IR, solar o de soldadura).
		Redecillas para el pelo contra el riesgo de enredos.
Protectores del oído	Orejeras (por ejemplo, orejeras acopladas a casco, con reducción activa de ruido y con entrada eléctrica de audio).	
	Tapones para los oídos (por ejemplo, tapones dependientes del nivel y tapones adaptados al usuario).	
Protectores de los ojos y de la cara	Gafas de montura universal, gafas de montura integral y pantallas faciales (lentes graduadas, si procede) para proteger contra:	Riesgos mecánicos.
		Riesgos térmicos.
		Radiación no ionizante (radiación UV, IR, solar o de soldadura).
		Radiación ionizante.
		Aerosoles sólidos y líquidos de agentes químicos y biológicos.

Protección de las vías respiratorias	Equipos filtrantes para proteger contra:	Partículas.
		Gases.
		Partículas y gases.
		Aerosoles sólidos o líquidos.
		Equipos aislantes, incluyendo aquellos con suministro de aire.
		Dispositivos de autorrescate.
		Equipos de buceo.
Protectores de manos y brazos	Guantes (incluyendo manoplas y protectores de brazos) para proteger contra:	Riesgos mecánicos.
		Riesgos térmicos (calor, llamas y frío).
		Riesgo eléctrico (antiestáticos, conductores y aislantes).
		Riesgos químicos.
		Riesgo biológico.
		Radiación ionizante y contaminación radiactiva.
		Radiación no ionizante (radiación UV, IR, solar o de soldadura).
		Riesgos de vibración.
		Dediles.
Protectores de pies y piernas y protección antideslizante	Calzado (por ejemplo, zapatos, incluyendo en determinadas circunstancias zuecos, botas, que podrían tener puntera para protección de los dedos) para proteger contra:	Riesgos mecánicos.
		Riesgo de resbalones.
		Riesgos térmicos (calor, llamas y frío).
		Riesgo eléctrico (antiestáticos, conductores y aislantes).
		Riesgos químicos.
		Riesgos de vibración.
		Riesgos biológicos.
		Protectores de empeine extraíbles contra los riesgos mecánicos.
		Rodilleras para proteger contra los riesgos mecánicos.
		Polainas para proteger contra los riesgos mecánicos, térmicos y químicos, así como contra riesgos biológicos.
		Accesorios (por ejemplo, clavos y crampones).

12

Protectores de la piel	Podría haber cremas y lociones barrera para proteger contra:	Radiación no ionizante (radiación UV, IR, solar o de soldadura).	En determinadas circunstancias, como resultado de la evaluación de riesgos, se podrían utilizar las cremas y/o lociones barrera junto con otros EPI a fin de proteger la piel de los trabajadores frente a los riesgos correspondientes. Tales cremas y lociones se consideran EPI en el marco de la Directiva 89/656/CEE, puesto que este tipo de equipos puede considerarse, en determinadas circunstancias «complemento o accesorio» conforme a los términos del artículo 2 de la Directiva 89/656/CEE. Sin embargo, las cremas barrera no se consideran EPI según lo previsto en el artículo 3, punto 1, del Reglamento (UE) 2016/425 del Parlamento Europeo y del Consejo, de 9 de marzo de 2016.
		Radiación ionizante.	
		Productos químicos.	
		Riesgos biológicos.	
		Riesgos térmicos (calor, llamas y frío).	

	Equipos de protección individual para protegerse de las caídas de altura, por ejemplo dispositivos anticaídas retráctiles, arneses anticaídas, arneses de asiento, cinturones de sujeción (para posicionamiento de trabajo) y retención y equipos de amarre de sujeción (para posicionamiento de trabajo), absorbedores de energía, dispositivos anticaídas deslizantes sobre línea de anclaje, dispositivos de regulación de cuerda, dispositivos de anclaje que no están diseñados para fijarse de manera permanente y que no requieren operaciones de sujeción antes de su uso, conectores, equipos de amarre, arneses de salvamento.	Ropa de protección, incluyendo protección total del cuerpo (por ejemplo, trajes y monos) y parcial (por ejemplo, polainas, pantalones, chaquetas, chalecos, delantales, rodilleras, capuchas y pasamontañas) contra:	Riesgos mecánicos.
Equipos de protección del cuerpo (distintos a los de protección de la piel)			Riesgos térmicos (calor, llamas y frío).
			Productos químicos.
			Riesgos biológicos.
			Radiación ionizante y contaminación radiactiva.
			Radiación no ionizante (radiación UV, IR, solar o de soldadura).
			Riesgo eléctrico (antiestática, conductora y aislante).
			Enredos y atrapamientos.
			Chalecos salvavidas para evitar ahogamientos y ayudas a la flotabilidad.
			EPI para señalar visualmente la presencia del usuario.

A sensu contrario, se excluyen de la definición contemplada para los EPI (art. 2 del Real Decreto 773/1997, de 30 de mayo):

- La ropa de trabajo corriente y los uniformes que no estén específicamente destinados a proteger la salud o la integridad física del trabajador.
- Los equipos de los servicios de socorro y salvamento.
- Los equipos de protección individual de los militares, de los policías y de las personas de los servicios de mantenimiento del orden.
- Los equipos de protección individual de los medios de transporte por carretera.
- El material de deporte.

- El material de autodefensa o de disuasión.
- Los aparatos portátiles para la detección y señalización de los riesgos y de los factores de molestia.

CUESTIÓN

¿Qué condiciones deben reunir los EPI?

Los equipos de protección individual proporcionarán una protección eficaz frente a los riesgos que motivan su uso, sin suponer por sí mismos u ocasionar riesgos adicionales ni molestias innecesarias. A tal fin, deberán:

- Responder a las condiciones existentes en el lugar de trabajo.
- Tener en cuenta las condiciones anatómicas y fisiológicas y el estado de salud del trabajador.
- Adecuarse al portador tras los ajustes necesarios.
- Cumplir los requisitos establecidos en cualquier disposición legal o reglamentaria que les sea de aplicación, en particular en lo relativo a su diseño y fabricación: llevar un marcado CE e ir acompañado de unas instrucciones de uso y mantenimiento.

En caso de riesgos múltiples que exijan la utilización simultánea de varios equipos de protección individual, estos deberán ser compatibles entre sí y mantener su eficacia en relación con el riesgo o riesgos correspondientes.

1.1 ¿Cuándo deben utilizarse los EPI?: evaluación de riesgos y justificación de la imposibilidad de evitarlos

Los equipos de protección individual deberán utilizarse cuando existan riesgos para la seguridad o salud de los trabajadores que no hayan podido evitarse o limitarse suficientemente por medios técnicos de protección colectiva o mediante medidas, métodos o procedimientos de organización del trabajo.

A falta de una respuesta reglamentaria concreta a la pregunta de cuándo es necesario utilizar los equipos de protección individual, hemos de entender necesario realizar una **adecuada evaluación de riesgos acompañada de la justificación de la imposibilidad de evitarlos de otra forma que no sea mediante la utilización del EPI.**

Importancia de la evaluación de riesgos

Corresponderá a la evaluación de riesgos determinar la necesidad de suministrar un EPI y sus características de acuerdo con las disposiciones del Real Decreto 773/1997, de 30 de mayo.

La concurrencia de circunstancias como la necesidad de utilizar los EPI se hará constar en la siguiente documentación (art. 23 de la LPRL):

- Plan de prevención de riesgos laborales.

- Evaluación de los riesgos para la seguridad y la salud en el trabajo.
- Planificación de la actividad preventiva.
- Práctica de los controles del estado de salud de los trabajadores.
- Relación de accidentes de trabajo y enfermedades profesionales que hayan causado al trabajador una incapacidad laboral superior a un día de trabajo.

Como es lógico, cualquier evaluación de riesgos ha de identificar los riesgos que encontraremos en el desarrollo de la actividad asociando una identificación o lista del riesgo por lugares de trabajo, equipos de trabajo y puestos de trabajo con los posibles daños a la persona trabajadora (incluida la parte del cuerpo que puede verse afectada) y su severidad. La LPR nos indica la necesidad de implantar medidas colectivas que protejan a todos los trabajadores y, si estas no fuesen posibles, acudir a las medidas individuales como los equipos de protección individual. De esta forma, **la necesidad de uso de un EPI viene determinada por:**

- La imposibilidad de eliminar (o controlar de forma razonable) el riesgo con medias técnicas o de carácter colectivo.
- La necesidad de cubrir temporalmente una condición de riesgo circunstancial o temporal.
- La necesidad de cubrir una necesidad preventiva durante el periodo de transición hasta que se establezcan la medida de protección definitiva.
- Como medida de protección complementaria de la colectiva cuando así se determine en el proceso de evaluación de riesgos.

A efectos prácticos, esto supone que la evaluación de riesgos identificará el riesgo (caída de objetos a distinto nivel, por ejemplo), el puesto de trabajo en que se origina el riesgo (trabajos en andamio, por ejemplo) y la parte del cuerpo que puede verse afectada (cabeza, por ejemplo).

CUESTIÓN

¿Cómo mostrará la evaluación de riesgos la necesidad de suministrar un EPI y sus posibles características?

El anexo I del Real Decreto 773/1997, de 30 de mayo contiene un esquema indicativo de los riesgos en relación con las partes del cuerpo que se pueden proteger con los equipos de protección individual.

Lista de actividades y sectores que pueden necesitas los EPI (anexo III del Real Decreto 773/1997, de 30 de mayo)

En las actividades o sectores de actividad indicadas en el anexo III del Real Decreto 773/1997, de 30 de mayo, puede resultar necesaria la utilización de los equipos de protección individual a menos que la implantación de las medidas técnicas u organizativas citadas en el apartado anterior garantice la eliminación o suficiente limitación de los riesgos correspondientes.

El anexo analizado contiene una lista no exhaustiva de actividades y sectores de actividades que pueden requerir la utilización de equipos de protección individual concretando riesgos, parte del cuerpo afectada, tipo de EPI, ejemplos de actividades en las que podría ser necesario utilizar el tipo correspondiente de EPI e industrias y sectores.

|| Riesgos físicos

| Mecánicos

Riesgos	Parte del cuerpo afectada Tipo de EPI	Ejemplos de actividades en las que podría ser necesario utilizar el tipo correspondiente de EPI	Incustrias y sectores
Golpes resultantes de caídas o proyecciones de objetos, choques contra un obstáculo y chorros a alta presión	**Cráneo:** casco de protección.	- Trabajos en andamios y superficies de trabajo elevadas, debajo o cerca de ellos. - Estructuras y obras viales. - Trabajos de encofrado y desencofrado. - Montaje e instalación de andamios. - Obras de montaje e instalación. - Demoliciones. - Trabajos con explosivos. - Obras en fosas, zanjas, pozos y galerías. - Trabajos cerca de ascensores, equipos de elevación, grúas y transportadores. - Trabajos en explotaciones mineras de interior, canteras y explotaciones mineras a cielo abierto. - Trabajos con hornos industriales, contenedores, maquinaria, silos, tolvas y canalizaciones. - Líneas de sacrificio y faenado en los mataderos. - Manipulación de cargas o transporte y almacenamiento. - Trabajos forestales. - Trabajos en puentes metálicos, construcciones de estructuras metálicas, infraestructuras hidráulicas metálicas, altos hornos, acerías, trenes de laminación, grandes contenedores, canalizaciones de gran diámetro, instalaciones de calderas y centrales eléctricas. - Movimientos de tierra. - Manipulación de pistolas grapadoras. - Trabajos en altos hornos, plantas de reducción directa, acería, trenes de laminación, industrias metalúrgicas, forjado, forja con estampa y fundiciones. - Trabajos que conlleven desplazamientos en bicicleta y bicicletas motorizadas.	- Construcción de edificios. - Obras de ingeniería civi . - Fabricación, instalación y mantenimiento de maquinaria. - Construcción naval. - Industria extractiva. - Producción energética. - Construcción y mantenimiento de infraestructuras. - Industria siderúrgica. - Mataderos. - Maniobras de treres. - Puertos, transporte y logística. - Sector forestal.
	Ojos y cara: gafas de montura universal, gafas de montura integral y pantallas faciales.	- Trabajos de soldadura, pulido, y corte. - Martillado manual. - Calafateo y cincelado. - Talla y procesado de piedra. - Manipulación de pistolas grapadoras. - Utilización de máquinas de mecanizado por arranque de viruta. - Forja con estampa. - Recogida y fragmentación de materiales rotos. - Operaciones con proyección de sustancias abrasivas. - Uso de desbrozadoras o motosierras. - Intervenciones dentales y quirúrgicas.	- Construcción de edificios. - Obras de ingeniería civil. - Fabricación, instalación y mantenimiento de maquinaria. - Construcción naval. - Industria extractiva. - Producción de energética. - Construcción y mantenimiento de infraestructuras. - Industria siderúrgica. - Industria metalúrgica y de la madera. - Tallado de piedras. - Jardinería. - Asistencia sanitaria. - Silvicultura.

Riesgos	Parte del cuerpo afectada Tipo de EPI	Ejemplos de actividades en las que podría ser necesario utilizar el tipo correspondiente de EPI	Industrias y sectores
Golpes resultantes de caídas o proyecciones de objetos, choques contra un obstáculo y chorros a alta presión (cont.)	**Pie y pierna (partes):** - Calzado (zapatos, botas, etc.) con puntera protectora o de seguridad. - Calzado con protección del metatarso.	- Obras gruesas y obras viales. - Trabajos de encofrado y desencofrado. - Montaje e instalación de andamios. - Demoliciones. - Trabajos con explosivos. - Trabajo y procesado de la piedra. - Trabajos en la línea de sacrificio y faenado. - Transporte y almacenamiento. - Manipulación de moldes en la industria cerámica. - Manipulación de bloques de carne congelada y de envases de conservas. - Fabricación, manipulación y tratamiento de vidrio plano y vidrio hueco. - Trabajos de reformas y mantenimiento. - Trabajos forestales. - Trabajos con hormigón y piezas prefabricadas que incluyan encofrado y desencofrado. - Trabajos en áreas exteriores de obras de construcción de las edificaciones o en áreas de almacenamiento. - Trabajos en cubiertas. - Trabajos en puentes metálicos, construcciones de estructuras metálicas, postes, torres, ascensores, construcciones de infraestructuras hidráulicas metálicas de acero, instalaciones de altos hornos, acerías y trenes de laminación, grandes contenedores, canalizaciones de gran diámetro, instalaciones de calderas y centrales eléctricas. - Construcción de hornos, montaje de instalaciones de calefacción, ventilación y estructuras metálicas. - Trabajos en altos hornos, plantas de reducción directa, acería, trenes de laminación, industrias metalúrgicas, forjado, forja con estampa, prensas en caliente y trefilerías. - Trabajos en canteras y explotaciones mineras a cielo abierto y desplazamiento a escombreras. - Manipulación de moldes en la industria cerámica. - Revestimiento de hornos en la industria cerámica. - Maniobras de trenes.	- Construcción de edificios. - Obras de ingeniería civil. - Fabricación, instalación y mantenimiento de maquinaria. - Construcción naval. - Industria extractiva. - Producción energética. - Construcción y mantenimiento de infraestructuras. - Industria siderúrgica. - Mataderos. - Empresas de logística. - Industria manufacturera. - Industria del vidrio. - Sector forestal.

Riesgos	Parte del cuerpo afectada Tipo de EPI	Ejemplos de actividades en las que podría ser necesario utilizar el tipo correspondiente de EPI	Industrias y sectores
Caídas debidas a resbalones	Pies: calzado antideslicante.	- Trabajos en superficies resbaladizas. - Trabajos en ambientes húmedos.	- Construcción de edificios. - Obras de ingeniería civil. - Construcción naval. - Mataderos. - Limpieza. - Industrias alimentarias. - Jardinería. - Industria pesquera.
Caídas de altura	Cuerpo entero: EPI diseñado para evitar o detener las caídas de altura.	- Trabajos en andamios. - Montaje de piezas prefabricadas. - Trabajos en postes. - Trabajos en cubiertas. - Trabajos en superficies verticales o inclinadas. - Trabajos en cabinas de grúas en altura. - Trabajos en plataformas de equipos de elevación para almacenes. - Trabajos en emplazamientos elevados de torres de perforación. - Trabajos en pozos y canalizaciones.	- Construcción de edificios. - Obras de ingeniería civil. - Construcción naval. - Mantenimiento de infraestructuras.
Vibración	Manos: guantes de protección.	Trabajos con herramientas guiadas a mano.	- Industrias manufactureras. - Obras de construcción. - Obras de ingeniería civil.
Compresión estática de partes del cuerpo	Rodilla: rodilleras.	Colocación de ladrillos, baldosas y losas en el piso.	- Construcción de edificios. - Obras de ingeniería civil.
	Pies: calzado con punteras.	- Demoliciones. - Manipulación de cargas.	- Construcción de edificios. - Obras de ingeniería civil. - Transporte y almacenamiento. - Mantenimiento.
Enredos y atrapamientos	Cuerpo entero: ropa protectora para su uso en lugares donde exista un riesgo de enredo con piezas móviles.	- Enredarse en partes de las máquinas. - Quedar atrapado en partes de las máquinas. - Engancharse con la ropa en partes de las máquinas. - Ser arrastrado.	- Fabricación de maquinaria. - Fabricación de maquinaria pesada. - Ingeniería. - Construcción. - Agricultura.

Riesgos	Parte del cuerpo afectada Tipo de EPI	Ejemplos de actividades en las que podría ser necesario utilizar el tipo correspondiente de EPI	Industrias y sectores
Lesiones mecánicas (abrasiones, perforaciones, cortes, mordeduras, heridas o pinchazos).	**Ojos y cara**: gafas de montura universal, gafas de montura integral, pantallas faciales.	- Trabajos con herramientas guiadas a mano. - Soldadura y forjado. - Trabajos de pulido y corte. - Cincelado. - Trabajo y procesado de la piedra. - Utilización de máquinas de mecanizado por arranque de viruta. - Forja con estampa. - Recogida y fragmentación de materiales rotos. - Operaciones con proyección de sustancias abrasivas. - Uso de desbrozadoras o motosierras.	- Construcción de edificios. - Obras de ingeniería civil. - Construcción naval. - Industria extractiva. - Producción de energética. - Mantenimiento de infraestructuras. - Industria siderúrgica. - Industria metalúrgica y de la madera. - Tallado de piedra. - Jardinería. - Silvicultura.
	Manos: guantes de protección mecánica.	- Trabajos con estructuras metálicas. - Manipulación de objetos con aristas cortantes salvo que se utilicen máquinas con riesgo de que el guante quede atrapado. - Utilización regular de cuchillos de mano en la producción y el sacrificio. - Sustitución de cuchillas en máquinas de corte. - Trabajos forestales. - Trabajos de jardinería.	- Construcción de edificios. - Obras de ingeniería civil. - Construcción naval. - Mantenimiento de infraestructuras. - Industrias manufactureras. - Industria alimentaria. - Mataderos. - Sector forestal.
	Antebrazos: protección para brazos.	Deshuesado y troceado.	- Industria alimentaria. - Mataderos.
	Tronco/ abdomen/ pierna: delantal protector, polainas, pantalones resistentes a las perforaciones (pantalones resistentes a los cortes).	- Utilización regular de cuchillos de mano en la producción y el sacrificio. - Trabajos forestales.	- Industria alimentaria. - Mataderos. - Sector forestal.
	Pies: calzado resistente a las perforaciones.	- Obras gruesas y obras viales. - Demolición. - Obras de encofrado y desencofrado. - Trabajos forestales.	- Construcción de edificios. - Obras de ingeniería civil. - Construcción naval. - Industria extractiva. - Sector forestal.

| Ruido

Riesgos	Parte del cuerpo afectada Tipo de EPI	Ejemplos de actividades en las que podría ser necesario utilizar el tipo correspondiente de EPI	Industrias y sectores
Ruido	Oídos: protectores auditivos contra el ruido.	- Utilización de prensas para metales. - Trabajos con equipos neumáticos. - Actividades del personal de tierra en los aeropuertos. - Trabajos con herramientas eléctricas. - Trabajos con explosivos. - Trabajos con martinete. - Trabajos de los sectores de la madera y textil.	- Industria metalúrgica. - Industria manufacturera. - Construcción de edificios. - Obras de ingeniería civil. - Sector aeronáutico. - Industria extractiva.

| Térmicos

Riesgos	Parte del cuerpo afectada Tipo de EPI	Ejemplos de actividades en las que podría ser necesario utilizar el tipo correspondiente de EPI	Industrias y sectores
Calor o llamas	cara / cabeza entera: pantallas faciales de soldadura, cascos/gorras para proteger contra el calor o las llamas, capuchas de protección contra el calor o las llamas.	- Trabajos a altas temperaturas, con calor radiante o con llamas. - Trabajos con sustancias fundidas o cerca de ellas. - Trabajos con equipos de soldadura para plásticos.	- Industria siderúrgica. - Industria metalúrgica. - Servicios de mantenimiento. - Industria manufacturera.
	Tronco/ abdomen/ piernas: delantal protector, polainas.	- Soldadura y forjado. - Fundición.	- Industria siderúrgica. - Industria metalúrgica. - Servicios de mantenimiento. - Industria manufacturera.
	Mano: guantes de protección contra el calor o las llamas.	- Soldadura y forjado. - Trabajos a altas temperaturas, con calor radiante o con llamas. - Trabajos con sustancias fundidas o cerca de ellas.	- Industria siderúrgica. - Industria metalúrgica. - Servicios de mantenimiento. - Industria manufacturera.
	Antebrazos: manguitos.	- Soldadura y forjado. - Trabajos con sustancias fundidas o cerca de ellas.	- Industria siderúrgica. - Industria metalúrgica. - Servicios de mantenimiento. - Industria manufacturera.
	Pies: calzado protector contra el calor o las llamas.	Trabajos con sustancias fundidas o cerca de ellas.	- Industria siderúrgica. - Industria metalúrgica. - Servicios de mantenimiento. - Industria manufacturera.
	Cuerpo entero/ parte del cuerpo: ropa protectora contra el calor o las llamas.	Trabajos a altas temperaturas, con calor radiante o con llamas.	- Industria siderúrgica. - Industria metalúrgica. - Sector forestal.

Riesgos	Parte del cuerpo afectada Tipo de EPI	Ejemplos de actividades en las que podría ser necesario utilizar el tipo correspondiente de EPI	Industrias y sectores
Frío	**Mano**: guantes de protección contra el frío. **Pies**: calzado protector contra el frío.	- Trabajo al aire libre en condiciones de frío extremo. - Trabajos en cámaras de ultracongelación. - Trabajos con líquidos criogénicos.	- Construcción de edificios. - Obras de ingeniería civil. - Construcción naval. - Industria extractiva. - Industria alimentaria. - Agricultura y pesca.
	Cuerpo entero/ parcial (incluida la cabeza): ropa de protección contra el frío.	- Trabajo al aire libre a bajas temperaturas. - Trabajos en cámaras de ultracongelación.	- Construcción de edificios. - Obras de ingeniería civil. - Construcción naval. - Industria extractiva. - Industria alimentaria. - Agricultura y pesca. - Transporte y almacenamiento.

| Eléctricos

Riesgos	Parte del cuerpo afectada Tipo de EPI	Ejemplos de actividades en las que podría ser necesario utilizar el tipo correspondiente de EPI	Industrias y sectores
Choque eléctrico (contacto directo o indirecto)	**Cabeza entera**: cascos eléctricamente aislantes. **Manos**: guantes aislantes de la electricidad. **Pies**: calzado aislante de la electricidad. **Cuerpo entero/manos/ pies**: EPI conductor para ser usados por personas cualificadas en trabajos en tensión, con un voltaje nominal del sistema eléctrico de hasta 800 kV CA y 600 kV CC.	- Trabajos en tensión o cerca de partes activas en tensión eléctrica. - Trabajos en instalaciones eléctricas.	- Producción energética. - Transporte y distribución de energía eléctrica. - Mantenimiento de instalaciones industriales. - Construcción de edificios. - Obras de ingeniería civil.
Electricidad estática en presencia de atmósferas potencialmente explosivas	**Manos**: guantes antiestáticos. **Pies**: calzado antiestático/conductor. **Cuerpo entero**: ropa antiestática.	- Manipulación de plástico y caucho. - Vertido, recabado o carga en un contenedor. - Trabajo cerca de elementos muy cargados electrostáticamente, por ejemplo, cintas transportadoras. - Manipulación de explosivos.	- Industria manufacturera. - Industria de los piensos. - Plantas de empaquetado y embalaje. - Producción, almacenamiento o transporte de explosivos.

| Radiación

Riesgos	Parte del cuerpo afectada Tipo de EPI	Ejemplos de actividades en las que podría ser necesario utilizar el tipo correspondiente de EPI	Industrias y sectores
Radiación no ionizante, incluida la luz solar (excepto la observación directa)	**Cabeza**: gorras y cascos.	Trabajos al aire libre.	- Pesca y agricultura. - Construcción de edificios. - Obras de ingeniería civil.
	Ojos: gafas de montura universal, gafas de montura integral y pantallas faciales.	- Trabajos con calor radiante. - Operaciones con hornos. - Trabajos con láser. - Trabajos al aire libre. - Soldadura y corte oxiacetilénico. - Soplado de vidrio. - Lámparas germicidas.	- Industria siderúrgica. - Industria manufacturera. - Pesca y agricultura. - Construcción de edificios. - Obras de ingeniería civil.
	Cuerpo entero (piel): EPI contra la radiación UV natural y artificial.	- Trabajos al aire libre. - Soldadura eléctrica. - Lámparas germicidas. - Lámparas de xenón.	- Construcción de edificios. - Obras de ingeniería civil. - Construcción naval. - Industria extractiva. - Producción energética. - Mantenimiento de infraestructuras. - Pesca y agricultura. - Sector forestal. - Jardinería. - Industria alimentaria. - Industria del plástico. - Artes gráficas.

Riesgos	Parte del cuerpo afectada Tipo de EPI	Ejemplos de actividades en las que podría ser necesario utilizar el tipo correspondiente de EPI	Industrias y sectores
Radiación ionizante	**Ojos**: gafas de montura universal y gafas de montura integral de protección contra la radiación ionizante. **Manos**: guantes de protección contra la radiación ionizante.	- Trabajos en instalaciones de rayos X. - Trabajos en el ámbito del radiodiagnóstico médico. - Trabajos con productos radiactivos.	- Asistencia sanitaria. - Asistencia veterinaria. - Planta de tratamiento de residuos radiactivos. - Producción energética.
	Tronco/abdomen/ cuerpo (parcial): delantal de protección contra los rayos X, chaquetón/chaleco/ faldón de protección contra los rayos X.	- Trabajos en instalaciones de rayos X. - Trabajos en el ámbito del radiodiagnóstico médico.	- Asistencia sanitaria. - Asistencia veterinaria. - Asistencia odontológica. - Urología. - Cirugía. - Radiología médica. - Laboratorios.
	Cabeza: - Gorros y elementos de protección de la cabeza. - EPI contra, por ejemplo, el desarrollo de tumores cerebrales.	Lugares de trabajo e instalaciones con rayos X, para uso médico.	- Asistencia sanitaria. - Asistencia veterinaria. - Asistencia odontológica. - Urología. - Cirugía. - Radiología médica.
	Cuerpo (parcial): - EPI para proteger la tiroides. - EPI para proteger las gónadas.	- Trabajos en instalaciones de rayos X. - Trabajos en el ámbito del radiodiagnóstico médico.	- Asistencia sanitaria. - Asistencia veterinaria.
	Cuerpo entero: ropa de protección contra la radiación ionizante.	- Trabajos en el ámbito del radiodiagnóstico médico. - Trabajos con productos radiactivos.	- Producción energética. - Planta de tratamiento de residuos radiactivos.

‖ Riesgos químicos (incluidos los nanomateriales)

‖ Aerosoles

Riesgos	Parte del cuerpo afectada Tipo de EPI	Ejemplos de actividades en las que podría ser necesario utilizar el tipo correspondiente de EPI	Industrias y sectores
Sólidos (polvos, humos, humos de combustión, fibras y nano-materiales).	**Sistema respiratorio:** equipos de protección respiratoria contra las partículas.	- Demolición. - Trabajos con explosivos. - y pulido de superficies. - Trabajo en presencia de amianto. - Uso de materiales que se compongan de nanopartículas o que las contengan. - Soldadura. - Deshollinado de chimeneas. - Trabajos de revestimiento de hornos y cucharas de colada, cuando pueda desprenderse polvo. - Trabajos cerca de la colada de altos hornos cuando puedan desprenderse emanaciones de metales pesados. - Trabajos cerca de la boca de carga de altos hornos. - Operativas que generen dispersión y nubes de polvo de mercancía a granel de sólido pulverulento.	- Construcción de edificios. - Obras de ingeniería civil. - Construcción naval. - Industria extractiva. - Industria siderúrgica. - Industria metalúrgica y de la madera. - Industria automovilística. - Tallado de piedra. - Industria farmacéutica. - Servicios sanitarios. - Preparación de medicamentos citostáticos. - Puertos.
	Manos: - Guantes de protección química. - Crema barrera como protección adicional o accesoria.	- Trabajo en presencia de amianto. - Uso de materiales que se compongan de nanopartículas o que las contengan.	- Construcción de edificios. - Obras de ingeniería civil. - Construcción naval. - Mantenimiento de instalaciones industriales.
	Cuerpo entero: ropa de protección contra las partículas sólidas.	- Demolición. - Trabajo en presencia de amianto. - Uso de materiales que se compongan de nanopartículas o que las contengan. - Deshollinado de chimeneas. - Preparación de productos fitosanitarios.	- Construcción de edificios. - Obras de ingeniería civil. - Construcción naval. - Mantenimiento de instalaciones industriales. - Agricultura.
	Ojos: - Gafas de montura universal. - Gafas de montura integral. - Pantallas faciales.	- Trabajos con madera. - Obras viales.	- Industria extractiva. - Industria metalúrgica y de la madera. - Obras de ingeniería civil.

Riesgos	Parte del cuerpo afectada Tipo de EPI	Ejemplos de actividades en las que podría ser necesario utilizar el tipo correspondiente de EPI	Industrias y sectores
Líquido (nieblas y neblinas).	**Sistema respiratorio:** equipos de protección respiratoria contra partículas.	- Tratamiento de superficies (por ejemplo, barnizado, pintura y limpieza con abrasivos). - Limpieza de superficies.	- Industria metalúrgica. - Industria manufacturera. - Sector de la automoción.
	Manos: guantes de protección química.	- Tratamiento de superficies. - Limpieza de superficies. - Manipulación de aerosoles líquidos. - Manipulación de productos ácidos y alcalinos, desinfectantes y detergentes corrosivos.	- Industria metalúrgica. - Industria manufacturera. - Sector de la automoción.
	Cuerpo entero: ropa de protección química.	- Demolición. - Trabajo en presencia de amianto. - Uso de materiales que se compongan de nanopartículas o que las contengan. - Deshollinado de chimeneas. - Preparación de productos fitosanitarios.	- Construcción de edificios. - Obras de ingeniería civil. - Construcción naval. - Mantenimiento de instalaciones industriales. - Agricultura.

| Líquidos

Riesgos	Parte del cuerpo afectada Tipo de EPI	Ejemplos de actividades en las que podría ser necesario utilizar el tipo correspondiente de EPI	Industrias y sectores
Inmersión, salpicaduras, pulverizaciones y chorros.	**Manos:** guantes de protección química.	- Manipulación de aerosoles líquidos. - Manipulación de productos ácidos y alcalinos, desinfectantes y detergentes corrosivos. - Manipulación de materiales de revestimiento. - Curtido. - Trabajos en peluquerías y centros de estética.	- Industria textil y de la confección. - Sector de la limpieza. - Industria del automóvil. - Sectores de la estética y la peluquería.
	Antebrazos: manguitos de protección química.	Manipulación de productos ácidos y alcalinos, desinfectantes y detergentes corrosivos.	- Limpieza. - Industria química. - Sector de la limpieza. - Industria del automóvil.
	Pies: botas de protección química.	- Manipulación de aerosoles líquidos. - Manipulación de productos ácidos y alcalinos, desinfectantes y detergentes corrosivos.	- Industria textil y de la confección. - Sector de la limpieza. - Industria del automóvil.
	Cuerpo entero: ropa de protección química.	- Manipulación de aerosoles líquidos. - Manipulación de productos ácidos y alcalinos, desinfectantes y detergentes corrosivos.	- Limpieza. - Industria química. - Sector de la limpieza. - Industria del automóvil. - Agricultura.

Gases y vapores

Riesgos	Parte del cuerpo afectada Tipo de EPI	Ejemplos de actividades en las que podría ser necesario utilizar el tipo correspondiente de EPI	Industrias y sectores
Gases y vapores.	**Sistema respiratorio:** equipos de protección respiratoria contra gases.	- Tratamiento de superficies (por ejemplo, barnizado, pintura y limpieza con abrasivos). - Limpieza de superficies. - Trabajo en salas de fermentación y destilación. - Trabajos dentro de tanques y digestores. - Trabajos en contenedores, espacios confinados y hornos industriales alimentados con gas cuando puedan existir riesgos de intoxicación por gas o de insuficiencia de oxígeno. - Deshollinado de chimeneas. - Desinfectantes y sustancias de limpieza corrosivas. - Trabajos cerca de convertidores y conducciones de gas de altos hornos.	- Industria metalúrgica. - Sector de la automoción. - Industria manufacturera. - Sector de la limpieza. - Producción de bebidas alcohólicas. - Plantas de tratamiento de aguas. - Plantas de tratamiento de residuos. - Industria química. - Industria petroquímica.
	Manos: guantes de protección química.	- Tratamiento de superficies . - Limpieza de superficies. - Trabajo en salas de fermentación y destilación. - Trabajos dentro de tanques y digestores. - Trabajos en contenedores, espacios confinados y hornos industriales alimentados con gas cuando puedan existir riesgos de intoxicación por gas o de insuficiencia de oxígeno.	- Industria metalúrgica. - Sector de la automoción. - Industria manufacturera. - Producción de bebidas alcohólicas. - Plantas de tratamiento de aguas. - Plantas de tratamiento de residuos. - Industria química. - Industria petroquímica.
	Cuerpo entero: ropa de protección química.	- Tratamiento de superficies . - Limpieza de superficies. - Trabajo en salas de fermentación y destilación. - Trabajos dentro de tanques y digestores. - Trabajos en contenedores, espacios confinados y hornos industriales alimentados con gas cuando puedan existir riesgos de intoxicación por gas o de insuficiencia de oxígeno.	- Industria metalúrgica. - Sector de la automoción. - Industria manufacturera. - Producción de bebidas alcohólicas. - Plantas de tratamiento de aguas. - Plantas de tratamiento de residuos. - Industria química. - Industria petroquímica.
	Ojos: - Gafas de montura universal. - Gafas de montura integral. - Pantallas faciales.	- Pintura con pistola. - Trabajos con madera. - Operaciones mineras.	- Sector de la automoción. - Industria manufacturera. - Industria extractiva. - Industria química. - Industria petroquímica.

|| Agentes biológicos

| Contenidos en aerosoles

Riesgos	Parte del cuerpo afectada Tipo de EPI	Ejemplos de actividades en las que podría ser necesario utilizar el tipo correspondiente de EPI	Industrias y sectores
Sólidos y líquidos	**Sistema respiratorio:** - Equipos de protección respiratoria contra partículas.	- Trabajos que conlleve el contacto con fluidos y tejidos humanos y animales. - Trabajos en presencia de agentes biológicos.	- Asistencia sanitaria. - Clínicas veterinarias. - Laboratorios de análisis clínicos. - Laboratorios de investigación. - Residencias para ancianos. - Asistencia doméstica. - Plantas de tratamiento de aguas. - Plantas de tratamiento de residuos. - Industria alimentaria. - Producción bioquímica.
	Manos: guantes de protección contra microorganismos. **Cuerpo entero/parcial:** ropa de protección contra microorganismos. **Ojos y/o cara:** - Gafas de montura universal. - Gafas de montura integral. - Pantallas faciales.	- Trabajos que conlleve el contacto con fluidos y tejidos humanos y animales. - Trabajos en presencia de agentes biológicos.	- Asistencia sanitaria. - Clínicas veterinarias. - Laboratorios de análisis clínicos. - Laboratorios de investigación. - Residencias para ancianos. - Asistencia doméstica. - Plantas de tratamiento de aguas. - Plantas de tratamiento de residuos. - Industria alimentaria.

| Contenidos en líquidos

Riesgos	Parte del cuerpo afectada Tipo de EPI	Ejemplos de actividades en las que podría ser necesario utilizar el tipo correspondiente de EPI	Industrias y sectores
Contacto directo e indirecto.	**Manos:** guantes de protección contra microorganismos. **Cuerpo entero/parcial:** ropa de protección contra microorganismos. **Ojos y/o cara:** - Gafas de montura universal. - Gafas de montura integral. - Pantallas faciales.	- Trabajos que conlleve el contacto con fluidos y tejidos humanos y animales (mordeduras, picaduras, etc). - Trabajos en presencia de agentes biológicos.	- Asistencia sanitaria. - Clínicas veterinarias. - Laboratorios de análisis clínicos. - Laboratorios de investigación. - Residencias para ancianos. - Asistencia doméstica. - Plantas de tratamiento de aguas. - Plantas de tratamiento de residuos. - Industria alimentaria. - Sector forestal. - Agricultura. - Obras de ingeniería civil.
Salpicaduras, pulverizaciones y chorros	**Manos:** guantes de protección contra microorganismos. **Antebrazos:** manguitos de protección contra microorganismos. **Pies/piernas:** cubrebotas y polainas protectoras. **Cuerpo entero:** ropa de protección contra microorganismos.	- Trabajos que conlleve el contacto con fluidos y tejidos humanos y animales - Trabajos en presencia de agentes biológicos.	- Asistencia sanitaria. - Clínicas veterinarias. - Laboratorios de análisis clínicos. - Laboratorios de investigación. - Residencias para ancianos. - Asistencia doméstica. - Plantas de tratamiento de aguas. - Plantas de tratamiento de residuos. - Industria alimentaria.

| Contenidos en materiales, personas, animales, etc.

Riesgos	Parte del cuerpo afectada Tipo de EPI	Ejemplos de actividades en las que podría ser necesario utilizar el tipo correspondiente de EPI	Industrias y sectores
Contacto directo e indirecto.	**Manos:** guantes de protección contra microorganismos. **Cuerpo entero/parcial:** ropa de protección contra microorganismos. **Ojos y/o cara:** - Gafas de montura universal. - Gafas de montura integral. - Pantallas faciales.	- Trabajos que conlleve el contacto con fluidos y tejidos humanos y animales (mordeduras, picaduras, etc). - Trabajos en presencia de agentes biológicos.	- Asistencia sanitaria. - Clínicas veterinarias. - Laboratorios de análisis clínicos. - Laboratorios de investigación. - Residencias para ancianos. - Asistencia doméstica. - Plantas de tratamiento de aguas. - Plantas de tratamiento de residuos. - Industria alimentaria. - Sector forestal. - Agricultura. - Obras de ingeniería civil.

|| Otros riesgos

Riesgos	Parte del cuerpo afectada Tipo de EPI	Ejemplos de actividades en las que podría ser necesario utilizar el tipo correspondiente de EPI	Industrias y sectores
Falta de visibilidad.	**Cuerpo entero:** EPI para señalar la presencia del usuario.	- Trabajos cerca de vehículos en movimiento. - Trabajos de asfaltado y señalización de carreteras. - Obras en vías férreas. - Conducción de medios de transporte. - Actividades del personal de tierra en los aeropuertos.	- Construcción de edificios. - Obras de ingeniería civil. - Construcción naval. - Industria extractiva. - Servicios de transporte y transporte de pasajeros.
Deficiencia de oxígeno.	**Sistema respiratorio:** - Equipos de protección respiratoria aislantes. - Equipos de buceo.	- Trabajos en espacios confinados. - Trabajo en salas de fermentación y destilación. - Trabajos dentro de tanques y digestores. - Trabajos en contenedores, espacios reducidos y hornos industriales alimentados con gas cuando puedan existir riesgos de intoxicación por gas o de insuficiencia de oxígeno. - Trabajos en pozos, canalizaciones y otras obras subterráneas de la red de alcantarillado. - Trabajos subacuáticos.	- Producción de bebidas alcohólicas. - Obras de ingeniería civil. - Industria química. - Industria petroquímica.
Ahogamiento	**Cuerpo entero:** chaleco salvavidas.	- Trabajos en el agua o cerca del agua. - Trabajos en el mar. - Trabajos en aviones.	- Industria pesquera. - Sector aeronáutico. - Construcción de edificios. - Obras de ingeniería civil. - Construcción naval. -Dársenas y puertos.

30

Consulta y participación de los trabajadores o sus representantes

Siguiendo lo dispuesto en art. 18.2 de la Ley de Prevención de Riesgos Laborales (y como desarrollaremos en distintos apartados) es necesaria la consulta y participación de los trabajadores o sus representantes en el marco de todas las cuestiones que afecten a la seguridad y a la salud en el trabajo, incluida la elección de los EPI.

RESOLUCIÓN RELEVANTE

SAN n.º 111/2018, de 25 de junio, ECLI:ES:AN:2018:2607

«La facultad de participar no puede confundirse con la obligación de negociar y alcanzar acuerdo que no se establece en el convenio. Además, la ropa de trabajo tiene la consideración de equipo de protección tal y como se dispone en el Real Decreto 773/97, de 30 de mayo. Si no hay acuerdo, la empresa puede decidir por ser deudor de seguridad y debe implantar las medidas de seguridad establecidas legalmente, siendo la elección de ropa de trabajo facultad última de la empresa».

1.2. Requisitos de los equipos de protección individual

Requisitos sobre el diseño y la fabricación de los equipos de protección individual (EPI)

El Reglamento (UE) 2016/425 del Parlamento Europeo y del Consejo, de 9 de marzo de 2016, relativo a los equipos de protección individual, (deroga la Directiva 89/686/CEE del Consejo) establece los requisitos sobre el diseño y la fabricación de los equipos de protección individual (EPI) que vayan a comercializarse, para garantizar la protección de la salud y la seguridad de los usuarios y establece las normas relativas a la libre circulación de estos en la Unión Europea, entendiendo a sus efectos por EPI (art. 3.1 del citado reglamento):

- El equipo está diseñado y fabricado para ser llevado, puesto o sostenido por una persona para protegerse contra uno o varios riesgos para su salud o seguridad.

- Los componentes intercambiables del equipo mencionado en la letra a) que sean esenciales para su función protectora.

- Los sistemas de conexión para el equipo mencionado en la letra a) que no sean llevados puestos ni sean sostenidos por una persona, que estén diseñados para conectar dicho equipo a un dispositivo o estructura externos o a un punto de anclaje seguro, que no estén diseñados para estar fijados permanentemente y que no requieran maniobras de abrochado antes de su uso.

Su aplicación se extiende a cualquier EPI excepto a los dispuestos en su art. 2.2:

- Los diseñados específicamente para ser utilizados por las fuerzas armadas o en el mantenimiento del orden público.

- Los diseñados para utilizarse con fines de autodefensa, salvo los EPI destinados a actividades deportivas.

- Los diseñados para uso privado como protección contra condiciones atmosféricas que no sean de naturaleza extrema, la humedad y el agua durante el lavado de vajilla.

- Los destinados a ser utilizados exclusivamente en buques marítimos o aeronaves que estén sujetos a los correspondientes tratados internacionales aplicables en los Estados miembros.

- Los destinados a proteger la cabeza, la cara o los ojos del usuario, regulados en el Reglamento n.º 22 de la Comisión Económica para Europa de las Naciones Unidas, sobre disposiciones uniformes relativas a la aprobación de cascos protectores y sus viseras para conductores y pasajeros de motocicletas y ciclomotores.

El Reglamento de equipos de protección individual (UE) 2016/425 del Parlamento Europeo y del Consejo, de 9 de marzo de 2016, debe aplicarse en la totalidad de la UE sin necesidad de legislación nacional independiente, por lo que, para poder ser comercializado, un EPI deberá contar con marcado CE y folleto informativo.

Todo EPI deberá contar con:

- Los EPI de categorías I y II: siglas «CE».

- Los EPI de categoría III: siglas «CE» seguidas de un número de cuatro dígitos (código identificativo en la UE, del organismo que lleva a cabo el control del procedimiento de aseguramiento de la calidad de la producción seleccionado por el fabricante).

- Declaración UE de conformidad (demostrará el cumplimiento de los requisitos esenciales de salud y seguridad aplicables establecidos en el anexo II del Reglamento (UE) 2016/425).

- Folleto informativo (explicando los niveles de protección, el mantenimiento, normas de uso, lugar de almacenamiento, etcétera).

- Instrucciones de almacenamiento, uso, limpieza, mantenimiento, revisión, embalaje adecuado para el transporte y desinfección.

- El rendimiento (tal como se ha registrado en los ensayos técnicos pertinentes).

- Los accesorios que puedan utilizarse con el EPI.

- Las características de las piezas de recambio apropiadas para el EPI.

- Plazo de caducidad del EPI o sus componentes.

- Referencias a otra legislación de la UE que pueda resultar de interés o las especificaciones técnicas utilizadas.

- Identificación del organismo u organismos que hayan participado en la evaluación de la conformidad del EPI.
- La dirección de internet en la que puede accederse a la declaración de conformidad.

Del mismo modo, será necesario contar con un **folleto informativo (art. 41 LPRL)** donde se incluya, entre otra, la siguiente información:

- Instrucciones de uso y forma correcta de utilización.
- Caducidad.
- Necesidad de accesorios.
- Características de los repuestos.
- Nombre y dirección completa del fabricante y/o de su representante autorizado.
- En el caso de equipos de categoría 3: organismo notificado que interviene en la aprobación del tipo.
- Número de la norma aplicada.
- Explicación de cualquier pictograma, marca o nivel de prestación. Una explicación básica del ensayo a que ha sido sometido, si es aplicable.
- Ensayos que debe realizar el usuario antes del uso, si es necesario.
- Información básica sobre posibles usos.
- Instrucciones de almacenamiento y mantenimiento.
- Indicación de los periodos máximos entre chequeos (si se considera importante, se deben definir procedimientos de secado).
- Instrucciones para limpieza y desinfección.
- Si es apropiado, precauciones frente a problemas (modificaciones que pueden invalidar la aprobación del tipo, por ejemplo, calzado ortopédico).
- Forma de transporte, etcétera.

CUESTIONES

1. ¿Qué cambios han de tenerse en cuenta con la aplicación del Reglamento (UE) 2016/425 del Parlamento Europeo y del Consejo, de 9 de marzo de 2016?

El Reglamento no afecta a las personas trabajadoras que utilicen los EPI ya que únicamente regula las condiciones en las que estos deberán ser puestos en el mercado y comercializados por el fabricante o importador. Las principales novedades pueden resumirse en:

- Cambio de categorización de producto relacionado con un riesgo relacionado.
- Modificación de las categorías de riesgos frente a los que el EPI está destinado a proteger a los usuarios.
- La protección auditiva, ahora clasificada como «ruido nocivo», pasa de la categoría II a la categoría III.

- Declaración de conformidad CE que se proporcionará con cada producto (o con un enlace web).

- El plazo de validez del nuevo certificado expedido (certificado de examen UE de tipo) y, en su caso, del certificado renovado no excederá de cinco años.

- Aumento de las obligaciones de los «operadores económicos», es decir, de la cadena de suministro total, incluidos los fabricantes, los importadores y los distribuidores.

2. ¿Qué debo saber para identificar un marcado CE?

El artículo 30 del Reglamento (CE) 765/2008 del Parlamento Europeo y del Consejo, de 9 de julio de 2008, establece las reglas de verificación de la colocación del marcado CE en los equipos de protección individual y se ajusten a la colocación adecuada conforme al Reglamento (UE) 2016/425 del Parlamento Europeo y del Consejo, de 9 de marzo de 2016.

3. ¿Es obligación del empresario entregar los folletos informativos de los EPI? ¿Y si solo recibe uno por todos los EPI comprados?

Este folleto será entregado obligatoriamente por el fabricante con los EPI comercializados. Es responsabilidad del empresario (RD 773/1997, de 30 de mayo) fotocopiar este folleto y entregarlo con cada unidad de protección que se suministre a las personas trabajadoras.

Requisitos esenciales de seguridad y salud: obligaciones de fabricantes, importadores y distribuidores

Los EPI cumplirán los requisitos esenciales en materia de salud y seguridad establecidos en el anexo II del Reglamento (UE) 2016/425 del Parlamento Europeo y del Consejo, de 9 de marzo de 2016 que les sean aplicables. Resulta obligatorio para fabricantes, importadores y distribuidores asegurarse de que los EPI han sido diseñados y fabricados de conformidad con estos requisitos esenciales.

De los requisitos establecidos en los arts. 8-13 del Reglamento (UE) 2016/425 del Parlamento Europeo y del Consejo, de 9 de marzo de 2016, destacamos:

- Cuando introduzcan EPI en el mercado, los fabricantes se asegurarán de que han sido diseñados y fabricados de conformidad con los requisitos esenciales de salud y seguridad establecidos en el anexo II.

- El fabricante facilitará con el EPI la declaración UE de conformidad, o bien incluirá en las instrucciones y en la información especificadas en el anexo II, punto 1.4, la dirección de internet donde pueda accederse a la declaración UE de conformidad.

- Los fabricantes se asegurarán de que el EPI que introducen en el mercado lleve un número de tipo, lote o serie o cualquier otro elemento que permita su identificación o, si el tamaño o la naturaleza del EPI no lo permite, de que la información exigida figure en su embalaje o en un documento que lo acompañe.

- Cuando un importador considere o tenga motivos para creer que un EPI no es conforme con los requisitos esenciales de salud y seguridad aplicables establecidos en el anexo II, no lo introducirá en el mercado hasta que sea conforme. Además, cuando el EPI presente un riesgo, el importador informará de ello al fabricante y a las autoridades de vigilancia del mercado.

— Antes de comercializar un EPI, los distribuidores se asegurarán de que lleve el marcado CE y vaya acompañado de la documentación necesaria y de las instrucciones e información especificadas en el anexo II, punto 1.4, redactadas en una lengua fácilmente comprensible para los consumidores y otros usuarios finales del Estado miembro en el que vaya a comercializarse el EPI y de que el fabricante y el importador hayan respetado, respectivamente, los requisitos establecidos en el artículo 8, apartados 5 y 6, y en el artículo 10, apartado 3.

— Los importadores se asegurarán de que el EPI vaya acompañado de las instrucciones e información especificadas en el anexo II, punto 1.4, redactadas en una lengua fácilmente comprensible para los consumidores y otros usuarios finales, según determine el Estado miembro de que se trate.

— Durante un período de diez años a partir de la introducción del EPI en el mercado, los importadores conservarán una copia de la declaración UE de conformidad a disposición de las autoridades de vigilancia del mercado y se asegurarán de que, previa solicitud, dichas autoridades puedan disponer de la documentación técnica.

— Al comercializar un EPI, los distribuidores actuarán con la debida diligencia en relación con los requisitos del citado reglamento.

— Antes de comercializar un EPI, los distribuidores se asegurarán de que lleve el marcado CE y vaya acompañado de la documentación necesaria y de las instrucciones e información especificadas en el anexo II, punto 1.4, redactadas en una lengua fácilmente comprensible para los consumidores y otros usuarios finales del Estado miembro en el que vaya a comercializarse el EPI y de que el fabricante y el importador hayan respetado, respectivamente, los requisitos establecidos en el artículo 8, apartados 5 y 6, y en el artículo 10, apartado 3.

— Cuando un distribuidor considere o tenga motivos para creer que un EPI no es conforme con los requisitos esenciales de salud y seguridad aplicables establecidos en el anexo II, no lo introducirá en el mercado hasta que sea conforme. Además, cuando el EPI presente un riesgo, el distribuidor informará de ello al fabricante o al importador, así como a las autoridades de vigilancia del mercado.

— Mientras el EPI esté bajo la responsabilidad de los distribuidores, estos se asegurarán de que las condiciones de almacenamiento o transporte no comprometan su conformidad con los requisitos esenciales de salud y seguridad aplicables establecidos en el anexo II.

Evaluación de la conformidad de un EPI

El marcado CE será el único que certifique la conformidad del producto con los requisitos establecidos en la legislación comunitaria. Conforme al

Reglamento (UE) 2016/425 del Parlamento Europeo y del Consejo, de 9 de marzo de 2016, los EPI han de contar con marcado CE y deberán tener una declaración de conformidad y un folleto informativo.

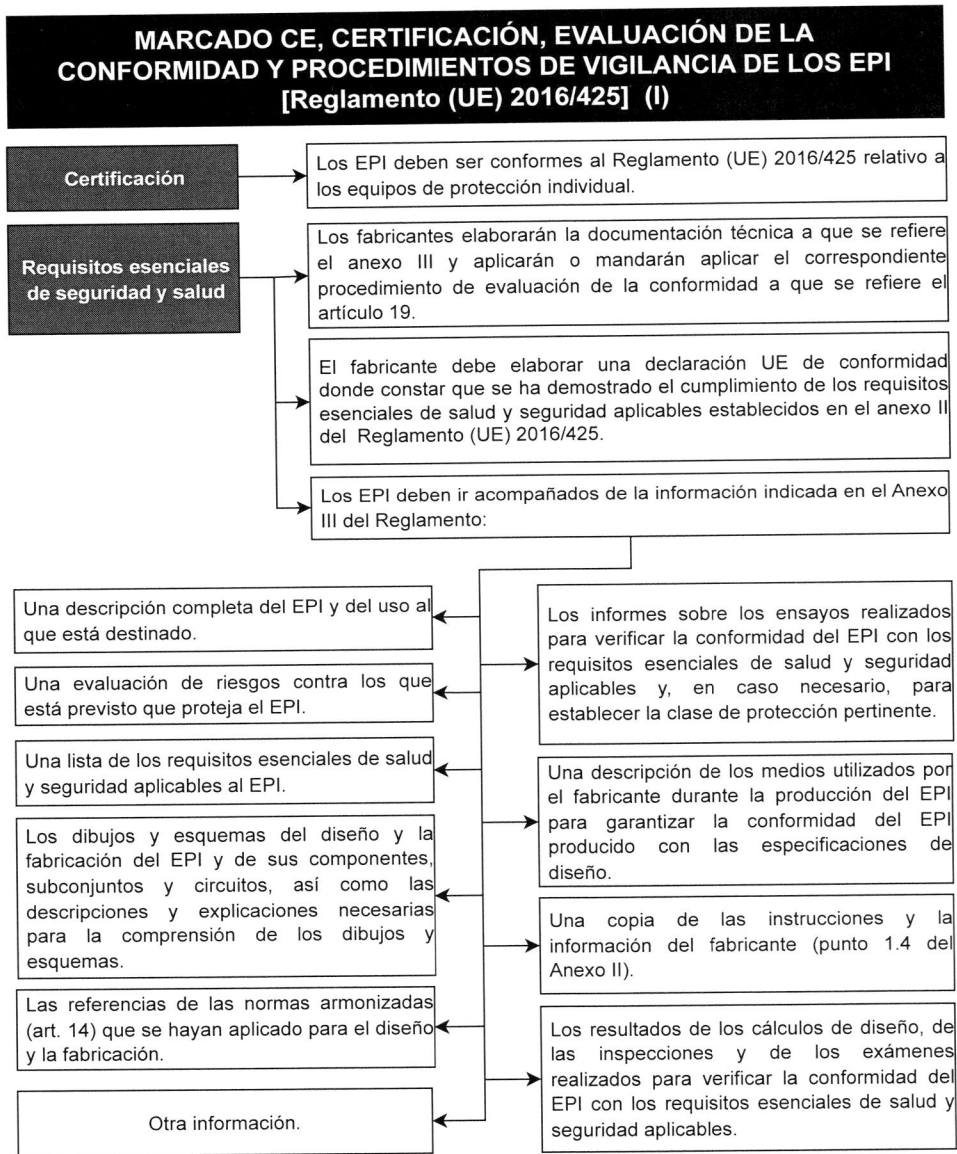

MARCADO CE, CERTIFICACIÓN, EVALUACIÓN DE LA CONFORMIDAD Y PROCEDIMIENTOS DE VIGILANCIA DE LOS EPI [Reglamento (UE) 2016/425] (I)

Certificación

Los EPI deben ser conformes al Reglamento (UE) 2016/425 relativo a los equipos de protección individual.

Requisitos esenciales de seguridad y salud

Los fabricantes elaborarán la documentación técnica a que se refiere el anexo III y aplicarán o mandarán aplicar el correspondiente procedimiento de evaluación de la conformidad a que se refiere el artículo 19.

El fabricante debe elaborar una declaración UE de conformidad donde constar que se ha demostrado el cumplimiento de los requisitos esenciales de salud y seguridad aplicables establecidos en el anexo II del Reglamento (UE) 2016/425.

Los EPI deben ir acompañados de la información indicada en el Anexo III del Reglamento:

Una descripción completa del EPI y del uso al que está destinado.

Una evaluación de riesgos contra los que está previsto que proteja el EPI.

Una lista de los requisitos esenciales de salud y seguridad aplicables al EPI.

Los dibujos y esquemas del diseño y la fabricación del EPI y de sus componentes, subconjuntos y circuitos, así como las descripciones y explicaciones necesarias para la comprensión de los dibujos y esquemas.

Las referencias de las normas armonizadas (art. 14) que se hayan aplicado para el diseño y la fabricación.

Otra información.

Los informes sobre los ensayos realizados para verificar la conformidad del EPI con los requisitos esenciales de salud y seguridad aplicables y, en caso necesario, para establecer la clase de protección pertinente.

Una descripción de los medios utilizados por el fabricante durante la producción del EPI para garantizar la conformidad del EPI producido con las especificaciones de diseño.

Una copia de las instrucciones y la información del fabricante (punto 1.4 del Anexo II).

Los resultados de los cálculos de diseño, de las inspecciones y de los exámenes realizados para verificar la conformidad del EPI con los requisitos esenciales de salud y seguridad aplicables.

MARCADO CE, CERTIFICACIÓN, EVALUACIÓN DE LA CONFORMIDAD Y PROCEDIMIENTOS DE VIGILANCIA DE LOS EPI [Reglamento (UE) 2016/425] (II)

Presunción de conformidad de los EPI (artículo 14)

Se presumirá que los EPI que son conformes con normas armonizadas o partes de estas, cuyas referencias se hayan publicado en el Diario Oficial de la Unión Europea, son conformes con los requisitos esenciales de salud y seguridad establecidos en el Anexo II que estén regulados por dichas normas o partes de ellas.

Declaración de conformidad de los EPI (artículo 15)

La declaración UE de conformidad hará constar que se ha demostrado el cumplimiento de los requisitos esenciales de salud y seguridad aplicables establecidos en el Anexo II.

La declaración UE de conformidad:

- Tendrá la estructura tipo establecida en el Anexo IX.
- Contendrá los elementos especificados en los módulos correspondientes establecidos en los Anexos IV, VI, VII y VIII.
- Se mantendrá permanentemente actualizada.
- Se traducirá a la lengua o las lenguas requeridas por el Estado miembro en cuyo mercado se introduzca o comercialice el EPI.

Procedimientos de evaluación de la conformidad

Artículo 19 y anexos IV a VIII

Los procedimientos de evaluación de la conformidad que deben seguirse respecto a cada categoría de riesgos establecida en el anexo I son los siguientes:

Categoría I: control interno de la producción (módulo A) a tenor del Anexo IV.

Categoría II: examen UE de tipo (módulo B) a tenor del anexo V, seguido de la conformidad con el tipo basada en el control interno de la producción (módulo C) a tenor del Anexo VI.

Categoría III: examen UE de tipo (módulo B) a tenor del Anexo V, y cualquiera de las opciones siguientes:

i) conformidad con el tipo basada en el control interno de la producción más un control supervisado de producto a intervalos aleatorios (módulo C2) a tenor del Anexo VII.

ii) conformidad con el tipo basada en el aseguramiento de la calidad del proceso de producción (módulo D) a tenor del Anexo VIII. Como excepción a lo anterior, por lo que respecta a los EPI producidos como unidad individual para ajustarse a un usuario concreto y clasificados conforme a la categoría III, podrá seguirse el procedimiento contemplado en la letra b).

37

Adquisición de los EPI

La adquisición de los EPI debe regirse por las evaluaciones de riesgo y las características del trabajo. Por ello, en muchos casos, parece lógico que esta actividad no recaiga en exclusiva en el servicio de prevención sino en aquellas unidades que, directamente, tienen asignadas las funciones de compras o de control de las condiciones de trabajo.

La ficha de control del EPI debería precisar datos como la fecha de fabricación, adquisición y caducidad (si procede), condiciones de uso, número de utilizaciones (en caso necesario), etc.

Tanto la evolución de la técnica como la evolución de la maquinaria de la empresa pueden hacer innecesario el uso de un EPI y, por tanto, será necesaria la revisión del proceso que dio lugar a su adquisición.

Siguiendo el Reglamento (UE) 2016/425, antes de adquirir un EPI debemos tener en cuenta que:

- Cuente con marcado CE, certificado UE de conformidad y folleto informativo sobre el uso y mantenimiento .
- Se adapte a las condiciones particulares de la persona.
- Se adapte a las características de la tarea.

1.3. Condiciones que deben reunir los equipos de protección individual (EPI) para ser seguros

El Reglamento (UE) 2016/425 del Parlamento Europeo y del Consejo, de 9 de marzo de 2016, relativo a los equipos de protección individual, establece los requisitos sobre el diseño y la fabricación de los equipos de protección individual (EPI) que vayan a comercializarse, para garantizar la protección de la salud y la seguridad de los usuarios y establecer las normas relativas a la libre circulación de los EPI en la Unión (en consonancia con el art. 5 del Real Decreto 773/1997, de 30 de mayo).

Las condiciones que deberán reunir los EPI, habrá que adecuarlas a los riesgos de los que haya que protegerse, sin suponer de por sí un riesgo adicional. En este sentido podemos hablar de requisitos de alcance general, así como de aquellos de carácter adicional y específico adaptados a riesgos particulares.

Asimismo, hay que recordar que los EPI habrán de:

- **Responder a las condiciones existentes en el lugar de trabajo, y deberán tener en cuenta las exigencias ergonómicas y de salud del trabajador** (art. 5 del Real Decreto 773/1997, de 30 de mayo).

- **Ser compatibles** (si hay que usar varios a la vez). Cuando se comercialicen por un mismo fabricante varios tipos o varias clases de EPI distintos para garantizar simultáneamente la protección de partes próximas del cuerpo, éstos deberán ser compatibles (art. 5.2 del Real Decreto 773/1997, de 30 de mayo).

- **Cumplir con los requisitos establecidos en cualquier disposición legal que le sea de aplicación, en particular en lo relativo a su diseño y fabricación** (art. 5.3 del Real Decreto 773/1997, de 30 de mayo).

- **Clasificarse conforme a alguna de las categorías existentes** [art. 6.1 c) del Real Decreto 773/1997, de 30 de mayo].

Requisitos de alcance general

Respecto a los requisitos de alcance general aplicable a todos los EPI, el Anexo II. 1 destaca [Reglamento (UE) 2016/425 del Parlamento Europeo y del Consejo, de 9 de marzo de 2016].

‖ Principios de diseño

| Ergonomía

Los EPI estarán diseñados y fabricados de tal manera que, en las condiciones previsibles del uso al que estén destinados, el usuario pueda realizar normalmente la actividad de riesgo y, al mismo tiempo, gozar de una protección adecuada del nivel más elevado posible.

| Niveles y clases de protección

a) Nivel óptimo de protección

El nivel óptimo de protección que deberá tenerse en cuenta en el diseño será aquel por encima del cual las limitaciones que impondría el uso del EPI impedirían utilizarlo eficazmente durante el período de exposición al riesgo o realizar normalmente la actividad.

b) Clases de protección adecuadas a los distintos niveles de riesgo

Si las diferentes condiciones de empleo previsibles permiten distinguir diversos niveles de un mismo riesgo, en el diseño del EPI deberán tomarse en consideración clases de protección adecuadas.

‖ Inocuidad de los EPI: ausencia de riesgos inherentes y otros factores de molestia

Los EPI deberán diseñarse y fabricarse de tal manera que no ocasionen riesgos u otros factores de molestia en las condiciones de uso previsibles.

| Materiales constitutivos adecuados

Los materiales constitutivos de los EPI, incluido cualquiera de sus posibles productos de descomposición, no deberán afectar a la salud o la seguridad de los usuarios.

Estado satisfactorio de la superficie de todas las partes de los EPI que estén en contacto con el usuario

Toda parte de un EPI que esté en contacto o pueda entrar en contacto con el usuario que lo lleve puesto deberá carecer de superficies ásperas, aristas vivas, puntas salientes u otros elementos similares que puedan causar irritaciones excesivas o lesiones.

Impedimentos máximos admisibles para el usuario

Cualquier impedimento causado por los EPI a las acciones que deban realizarse, las posturas que deban adoptarse y las percepciones sensoriales deberá reducirse al mínimo. Asimismo, el uso de los EPI no deberá dar lugar a acciones que pudieran poner en peligro al usuario.

Comodidad y eficacia

Adaptación de los EPI a la morfología del usuario

Los EPI estarán diseñados y fabricados de tal manera que se facilite su correcta colocación sobre el usuario y se mantengan en su sitio durante el período de uso previsible, teniendo en cuenta los factores ambientales, las acciones que se realizarán y las posturas que se adoptarán. A tal fin, los EPI deberán poder adaptarse a la morfología del usuario por todos los medios adecuados, tales como sistemas de ajuste y fijación apropiados o la oferta de una variedad de tallas adecuada.

Ligereza y solidez de fabricación

Los EPI deberán ser lo más ligeros posible, sin que ello afecte a su solidez y eficacia.

Los EPI cumplirán los requisitos específicos adicionales para ofrecer una protección adecuada contra los riesgos para los que estén previstos y deberán poder resistir a factores ambientales en las condiciones de uso previsibles.

Compatibilidad entre distintos tipos de EPI destinados a utilizarse simultáneamente

Si un fabricante introduce en el mercado varios modelos de EPI de distintos tipos para garantizar la protección simultánea de partes contiguas del cuerpo, dichos modelos deberán ser compatibles.

Instrucciones e información del fabricante

Además del nombre y la dirección del fabricante, las instrucciones que se tienen que adjuntar al EPI deberán contener toda la información pertinente sobre:

a) Las instrucciones de almacenamiento, uso, limpieza, mantenimiento, revisión y desinfección. Los productos de limpieza, mantenimiento o desinfección recomendados por el fabricante no deberán tener ningún efecto adverso en el EPI o el usuario si se aplican de acuerdo con las instrucciones pertinentes.

b) El rendimiento, tal como ha sido registrado en los ensayos técnicos pertinentes destinados a verificar los niveles o las clases de protección que ofrece el EPI.

c) En su caso, los accesorios que puedan utilizarse con el EPI y las características de las piezas de recambio apropiadas.

d) En su caso, las clases de protección apropiadas para los diferentes niveles de riesgo y los límites de uso correspondientes.

e) Cuando proceda, el mes y año o el plazo de caducidad del EPI o de algunos de sus componentes.

f) En su caso, el tipo de embalaje adecuado para el transporte.

g) El significado de los eventuales marcados [véase el Anexo II, punto 2.12 del Reglamento (UE) 2016/425 del Parlamento Europeo y del Consejo, de 9 de marzo de 2016].

h) El riesgo del que el EPI debe proteger conforme a su diseño.

i) La referencia al presente Reglamento y, en su caso, las referencias a otra legislación de armonización de la Unión.

j) El nombre, la dirección y el número de identificación del organismo u organismos notificados que hayan participado en la evaluación de la conformidad del EPI.

k) Las referencias a la norma o normas armonizadas aplicables utilizadas, incluida la fecha de la norma o normas, o las referencias a otras especificaciones técnicas utilizadas.

l) La dirección de internet en la que puede accederse a la declaración de conformidad.

No es necesario que las instrucciones proporcionadas por el fabricante incluyan la información a que se hace referencia en las letras i), j), k) y l) si el EPI va acompañado de la declaración UE de conformidad.

Requisitos carácter adicional

Se establecen en el Anexo II. 2 una serie de **exigencias complementarias específicas** de los riesgos que hay que prevenir.

|| EPI con sistema de ajuste

Si el EPI lleva incorporados sistemas de ajuste, estos estarán diseñados y fabricados de tal manera que, una vez ajustados, no puedan desajustarse accidentalmente en las condiciones de uso previsibles.

|| EPI que envuelven las partes del cuerpo que deben protegerse

Los EPI estarán diseñados y fabricados de tal manera que el sudor resultante de su uso se reduzca al mínimo. De no ser así, deberán estar equipados con medios que absorban el sudor.

‖ EPI para la cara, los ojos y el sistema respiratorio

Se deberá reducir al mínimo cualquier limitación de la cara, los ojos, el campo visual o el sistema respiratorio del usuario por los EPI.

Las pantallas de esos tipos de EPI deberán tener un grado de neutralidad óptica compatible con el grado de precisión y la duración de las actividades del usuario.

En caso necesario, esos EPI deberán estar tratados o equipados de dispositivos de prevención del empañamiento.

Los modelos de EPI destinados a los usuarios que precisen corrección visual deberán ser compatibles con la utilización de gafas o lentes de contacto.

‖ EPI expuestos al envejecimiento

Si se sabe que el envejecimiento puede afectar significativamente al rendimiento del diseño de nuevos EPI, el mes y el año de fabricación y, a ser posible, el mes y el año de caducidad deberán figurar de forma indeleble e inequívoca en cada unidad de EPI que se introduzca en el mercado, y en su embalaje.

Si el fabricante no puede dar una garantía sobre la vida útil del EPI, sus instrucciones deberán ofrecer toda la información necesaria para que el comprador o usuario pueda determinar un mes y un año de caducidad razonables, teniendo en cuenta el nivel de calidad del modelo y las condiciones efectivas de almacenamiento, uso, limpieza, revisión y mantenimiento.

Si el envejecimiento resultante del uso periódico de un procedimiento de limpieza recomendado por el fabricante puede dar lugar a un deterioro apreciable y rápido del rendimiento del EPI, el fabricante deberá, a ser posible, colocar un marcado en cada unidad de EPI introducida en el mercado que indique el número máximo de operaciones de limpieza que pueden efectuarse antes de que el equipo deba inspeccionarse o desecharse. Si no se coloca ese marcado, el fabricante tendrá que dar dicha información en sus instrucciones.

‖ EPI que puedan engancharse durante su utilización

Si las condiciones de uso previsibles entrañan, en particular, el riesgo de que el EPI sea enganchado por un objeto en movimiento y ello suponga un peligro para el usuario, el EPI deberá estar diseñado y fabricado de manera que se rompa o se desgarre un componente y se elimine de esta forma el peligro.

‖ EPI destinados a servicios en atmósferas potencialmente ‖ explosivas

Los EPI destinados para atmósferas potencialmente explosivas estarán diseñados y fabricados de tal manera que no puedan dar origen a chispas o arcos eléctricos, electrostáticos o inducidos por un impacto que pudieran encender una mezcla explosiva.

EPI que vayan a utilizarse en intervenciones rápidas o que tengan que ponerse y/o quitarse rápidamente

Estos tipos de EPI deberán diseñarse y fabricarse de manera que se reduzca al mínimo el tiempo necesario para ponérselos y quitárselos.

Si los EPI incluyen sistemas de fijación para mantenerlos en la posición correcta sobre el usuario o para quitarlos, dichos sistemas deberán poder accionarse de forma rápida y fácil.

EPI de intervención en situaciones muy peligrosas

Las instrucciones que el fabricante adjunte a los EPI para intervenciones en situaciones muy peligrosas incluirán, en particular, datos destinados a personas competentes y formadas que estén cualificadas para interpretarlos y asegurarse de su aplicación por parte de los usuarios.

Las instrucciones incluirán, asimismo, una descripción del procedimiento que deberá aplicarse para verificar que el EPI esté ajustado correctamente y sea funcional cuando lo lleve el usuario.

Si el EPI lleva incorporado un dispositivo de alarma que se activa si no se alcanza el nivel de protección ofrecido normalmente, la alarma estará diseñada y colocada de tal manera que pueda ser percibida por el usuario en las condiciones de uso previsibles.

EPI que llevan incorporados componentes que el usuario puede ajustar o quitar

Si el EPI lleva incorporados componentes que el usuario puede atar, ajustar o quitar para sustituirlos, dichos componentes deberán estar diseñados y fabricados de tal forma que puedan colocarse, ajustarse y quitarse fácilmente sin herramientas.

EPI que puedan conectarse a otro dispositivo complementario y externo al EPI

Si el EPI lleva incorporado un sistema de conexión con otro equipo complementario, el sistema de fijación deberá estar diseñado y fabricado de modo que solo pueda montarse en equipos apropiados.

EPI con un sistema de circulación de fluido

Si el EPI lleva incorporado un sistema de circulación de fluido, dicho sistema deberá elegirse o diseñarse y colocarse de tal manera que permita una renovación suficiente del fluido a proximidad de toda la parte del cuerpo que deba protegerse, independientemente de las acciones, las posturas o los movimientos del usuario en las condiciones de uso previsibles.

EPI que lleven una o varias marcas de identificación o de señalización referidas directa o indirectamente a salud y seguridad

Si los EPI llevan uno o varios indicadores o marcados de identificación relacionados directa o indirectamente con la salud y la seguridad, dichos indicadores o marcados de identificación tendrán, en la medida de lo posible, la forma de pictogramas o ideogramas armonizados. Deberán ser perfectamente visibles y legibles durante toda la vida útil previsible del EPI. Además, estos marcados deberán ser completos, precisos y comprensibles para evitar cualquier interpretación incorrecta. En particular, cuando dichos marcados incluyan palabras o frases, estas deberán redactarse en una lengua fácilmente comprensible por los consumidores y otros usuarios finales, determinada por el Estado miembro en el que se comercialice el EPI.

Si el EPI tiene unas dimensiones insuficientes para inscribir la totalidad o parte del marcado necesario, la información pertinente deberá figurar en el embalaje y en las instrucciones del fabricante.

EPI vestimentarios adecuados para señalizar visualmente al usuario

Los EPI destinados a unas condiciones de uso previsibles en las que deba señalarse visual e individualmente la presencia del usuario deberán incluir uno o varios medios o dispositivos colocados convenientemente para que emitan un resplandor visible directo o reflejado de una intensidad luminosa y unas propiedades fotométricas y colorimétricas adecuadas.

EPI para riesgos múltiples

Los EPI destinados a proteger a los usuarios contra varios riesgos potencialmente simultáneos deberán diseñarse y fabricarse de tal manera que cumplan, en particular, los requisitos esenciales de salud y seguridad específicos de cada uno de dichos riesgos.

Requisitos adicionales específicos aplicables a riesgos particulares

Protección contra golpes mecánicos

Golpes resultantes de caídas o proyecciones de objetos e impactos de una parte del cuerpo contra un obstáculo

Los EPI adaptados a este tipo de riesgos deberán poder amortiguar los efectos de un golpe evitando, en particular, cualquier lesión producida por aplastamiento o penetración de la parte protegida, por lo menos hasta un nivel de energía de choque por encima del cual las dimensiones o la masa excesiva del dispositivo amortiguador impedirían un uso efectivo de los EPI durante el tiempo que se calcule haya de llevarlos.

| Caídas de personas

a) Prevención de las caídas por resbalamiento

Las suelas del calzado adaptado a la prevención de resbalones estarán diseñadas, fabricadas o dotadas de dispositivos adicionales adecuados para garantizar una buena adherencia por contacto o por rozamiento, según la naturaleza o el estado del suelo.

b) Prevención de caídas desde alturas

Los EPI diseñados para prevenir las caídas desde alturas, o sus efectos, llevarán un dispositivo de agarre y sostén del cuerpo y un sistema de conexión que pueda unirse a un punto de anclaje seguro. Estarán diseñados y fabricados de tal manera que, en condiciones normales de uso, la desnivelación del cuerpo sea lo más pequeña posible para evitar cualquier golpe contra un obstáculo y que la fuerza de frenado sea tal que no pueda provocar lesiones corporales ni la apertura o rotura de un componente de los EPI que pudiese provocar la caída del usuario.

Deberán además garantizar, una vez producido el frenado, una postura correcta del usuario que le permita, llegado el caso, esperar auxilio.

El fabricante deberá precisar en particular, en su folleto informativo, todo dato útil referente a:

    a) Las características requeridas para el punto de anclaje seguro, así como la necesaria del elemento de amarre por debajo de la cintura del usuario.

    b) La manera adecuada de llevar el dispositivo de agarre y sostén del cuerpo y de unir su sistema de conexión al punto de anclaje seguro.

c) Vibraciones mecánicas

Los EPI que prevengan los efectos de las vibraciones mecánicas deberán amortiguar adecuadamente las vibraciones nocivas para la parte del cuerpo que haya que proteger.

El valor eficaz de las aceleraciones que estas vibraciones transmitan al usuario nunca deberá superar los valores límite recomendados en función del tiempo de exposición diario máximo predecible de la parte del cuerpo que haya que proteger.

|| Protección contra la compresión (estática) de una parte del cuerpo

Los EPI que vayan a proteger una parte del cuerpo contra esfuerzos de compresión (estática) deberán amortiguar sus efectos para evitar lesiones graves o afecciones crónicas.

|| Protección contra agresiones físicas (rozamiento, pinchazos, || cortes, mordeduras)

Los materiales y demás componentes de los EPI que vayan a proteger todo o parte del cuerpo contra agresiones mecánicas superficiales como rozamientos, pinchazos, cortes o mordeduras, se elegirán o diseñarán y dispondrán de tal manera que estos tipos de EPI ofrezcan una resistencia a la abrasión, a la perforación y al corte (véase también el apartado 3.1 del Reglamento (UE) 2016/425 del Parlamento Europeo y del Consejo, de 9 de marzo de 2016) adecuada a las condiciones normales de uso.

Prevención del ahogamiento (chalecos de seguridad, chalecos salvavidas y trajes de salvamento)

Requisitos de los EPI

Los EPI destinados a prevenir el ahogamiento deberán hacer emerger a la superficie, tan rápidamente como sea posible y sin daño para su salud, al usuario agotado o sin conocimiento que esté sumergido en un medio líquido, y hacerlo flotar en una posición que le permita respirar mientras espera auxilio.

Los EPI podrán presentar una flotabilidad intrínseca total o parcial, o también obtenida al inflarlos, bien mediante un gas liberado automática o manualmente, bien con la boca.

En condiciones normales de uso:

- Los EPI deberán resistir, sin detrimento de un funcionamiento correcto, los efectos del impacto con el medio líquido y de los factores ambientales inherentes a dicho medio.
- Los EPI inflables se hincharán rápida y completamente.

Cuando se prevean unas condiciones de uso especiales que así lo exijan, determinadas clases de EPI deberán cumplir además uno o varios de los siguientes requisitos adicionales:

- Estar dotados de todos los dispositivos de hinchado y/o un dispositivo de señalización luminosa o sonora.
- Estar dotados de un dispositivo de enganche y de agarre y sostén del cuerpo que permita extraer al usuario del medio líquido.
- Ser adecuados para un uso prolongado mientras dure la actividad.

Ayudas a la flotabilidad

La ropa destinada a garantizar un grado de flotabilidad eficaz, en función de su uso previsible, deberá ser segura cuando se lleve puesta y ofrecer un sostén positivo en el medio líquido. En las condiciones de uso previsibles, este EPI no deberá obstaculizar la libertad de movimiento del usuario y deberá permitirle, en particular, nadar o actuar para escapar del peligro o socorrer a otras personas.

Protección contra los efectos nocivos del ruido

Los EPI de prevención contra los efectos nocivos del ruido deberán atenuarlo para que los niveles sonoros equivalentes, percibidos por el usuario, no superen nunca los valores límite de exposición diaria prescritos en el Real Decreto 286/2006, de 10 de marzo, sobre la protección de la salud y la seguridad de los trabajadores contra los riesgos relacionados con la exposición al ruido.

Todo EPI deberá llevar una etiqueta que indique el grado de atenuación acústica y el valor del índice de comodidad que proporciona el EPI y en caso de no ser posible, dicha etiqueta, se colocará en su embalaje.

‖ Protección contra el calor y/o el fuego

Los EPI que vayan a proteger total o parcialmente el cuerpo contra los efectos del calor y/o el fuego deberán disponer de una capacidad de aislamiento térmico y de una resistencia mecánica adecuados a las condiciones normales de uso.

| Materiales constitutivos y demás componentes de los EPI

Los materiales constitutivos y demás componentes que sirvan para proteger contra el calor radiante o de convección se caracterizarán por tener un coeficiente adecuado de transmisión del flujo térmico incidente y por un grado de incombustibilidad suficientemente elevado, para evitar cualquier riesgo de autoinflamación en las condiciones normales de uso.

Cuando la parte externa de estos materiales y componentes deba tener una capacidad reflectora, esta será la adecuada para el flujo de calor emitido por radiación por lo que se refiere a rayos infrarrojos.

Los materiales y demás componentes de equipos destinados a intervenciones de corta duración en ambientes calientes, y los de los EPI que puedan recibir proyecciones de productos calientes, tales como grandes proyecciones de materias en estado de fusión, tendrán, además, una capacidad calórica suficiente para devolver la mayor parte del calor almacenado únicamente cuando el usuario se haya alejado del lugar de exposición a los riesgos y se haya quitado su EPI.

Los materiales y demás componentes de EPI que puedan recibir grandes proyecciones de productos calientes deberán además amortiguar suficientemente los golpes mecánicos (véase el apartado 3.1).

Los materiales y demás componentes de EPI que puedan entrar en contacto accidental con una llama y los que entren en la fabricación de equipos de lucha contra el fuego, se caracterizarán, además, por tener un grado de inflamabilidad que corresponda al tipo de riesgos a los que puedan estar sometidos en las condiciones normales de uso. No **deberán fundirse por la acción de una llama ni contribuir a propagarla.**

| EPI completos (listos para su uso)

En condiciones normales de uso:

- La cantidad de calor que se transmita al usuario a través de su EPI será lo suficientemente baja como para que el calor acumulado durante el tiempo que se lleve sobre la parte del cuerpo que haya que proteger no alcance nunca el umbral del dolor ni el de posibilidad de cualquier daño para la salud.

– Los EPI impedirán, si es necesario, la penetración de cualquier líquido o vapor y no originarán quemaduras que sean resultado de contactos entre su cobertura protectora y el usuario.

Cuando los EPI lleven dispositivos de refrigeración que absorban el calor incidente por evaporación de un líquido o por sublimación de un sólido se diseñarán de tal manera que las sustancias volátiles que se desprendan de esta manera se evacúen fuera de la cobertura protectora y no hacia el usuario.

Cuando los EPI lleven un equipo de protección respiratoria, este, en condiciones normales de uso, desempeñará correctamente la función de protección que le corresponda.

En el folleto informativo de cada modelo de EPI diseñado para usos de corta duración en ambientes cálidos, el fabricante indicará, en particular, cualquier dato que sea pertinente para determinar el tiempo máximo admisible de exposición del usuario al calor transmitido por los equipos utilizados conforme a su finalidad.

‖ Protección contra el frío

Los EPI destinados a preservar de los efectos del frío todo el cuerpo o parte de él deberán tener una capacidad de aislamiento térmico y una resistencia mecánica adaptadas a las condiciones normales de uso para las que se hayan comercializado.

| Materiales constitutivos y demás componentes de los EPI

Los materiales constitutivos y demás componentes de los EPI adecuados para la protección contra el frío deberán caracterizarse por un coeficiente de transmisión de flujo térmico incidente tan bajo como lo exijan las condiciones normales de uso. Los materiales y otros componentes flexibles de los EPI destinados a usos en ambientes fríos deberán conservar el grado de flexibilidad adecuado a los gestos que deban realizarse y a las posturas que hayan de adoptarse.

Además de ello, los materiales y otros componentes de EPI que puedan recibir grandes proyecciones de productos fríos deberán amortiguar suficientemente los choques mecánicos (véase el apartado 3.1).

| EPI completos (dispuestos para su uso)

En las condiciones normales de uso:

– El flujo transmitido al usuario a través de su EPI deberá ser tal que el frío acumulado durante el tiempo que se lleve el equipo en todos los puntos de la parte del cuerpo que se quiere proteger, comprendidas aquí las extremidades de los dedos de las manos y los pies, no alcance en ningún caso el umbral del dolor ni el de posibilidad de cualquier daño para la salud.

– Los EPI impedirán, en la medida de lo posible, que penetren líquidos como, por ejemplo, el agua de lluvia y no originarán lesiones a causa de contactos entre su capa protectora fría y el usuario.

Cuando los EPI incluyan un equipo de protección respiratoria, este deberá cumplir, en las condiciones normales de uso, la función de protección que le compete.

En el folleto informativo de cada modelo de EPI destinado a usos de corta duración en ambientes fríos, el fabricante deberá indicar todos los datos tocantes a la duración máxima admisible de exposición del usuario al frío transmitido por los equipos.

‖ Protección contra descargas eléctricas

Los EPI que vayan a proteger total o parcialmente el cuerpo contra los efectos de la corriente eléctrica tendrán un grado de aislamiento adecuado a los valores de las tensiones a las que el usuario pueda exponerse en las condiciones más desfavorables predecibles.

Para ello, los materiales y demás componentes de estos tipos de EPI se elegirán o diseñarán y dispondrán de tal manera que la corriente de fuga, medida a través de la cubierta protectora en condiciones de prueba en las que se utilicen tensiones similares a las que puedan darse in situ, sea lo más baja posible y siempre inferior a un valor convencional máximo admisible en correlación con el umbral de tolerancia.

Los tipos de EPI que vayan a utilizarse exclusivamente en trabajos o maniobras en instalaciones con tensión eléctrica o que puedan llegar a estar bajo tensión, llevarán, al igual que en su cobertura protectora, una marca que indique, especialmente, el tipo de protección y/o la tensión de utilización correspondiente, el número de serie y la fecha de fabricación; los EPI llevarán, además, en la parte externa de la cobertura protectora, un espacio reservado al posterior marcado de la fecha de puesta en servicio y las fechas de las pruebas o controles que haya que llevar a cabo periódicamente.

El fabricante indicará en su folleto informativo, en particular, el uso exclusivo de estos tipos de EPI y la naturaleza y periodicidad de los ensayos dieléctricos a los que habrán de someterse durante el tiempo que duren.

‖ Protección contra las radiaciones

| Radiaciones no ionizantes

Los EPI que vayan a proteger los ojos, contra los efectos agudos o crónicos de las fuentes de radiaciones no ionizantes, deberán absorber o reflejar la mayor parte de la energía radiada en longitudes de onda nocivas, sin alterar por ello excesivamente la transmisión de la parte no nociva del espectro visible, la percepción de los contrastes y la distinción de los colores, cuando lo exijan las condiciones normales de uso.

Para ello, los oculares protectores estarán diseñados y fabricados para poder disponer, en particular, de un factor espectral de transmisión en cada

49

onda nociva tal que la densidad de iluminación energética de la radiación que pueda llegar al ojo del usuario a través del filtro sea lo más baja posible y no supere nunca el valor límite de exposición máxima admisible.

Además, los oculares protectores no se deteriorarán ni perderán sus propiedades al estar sometidos a los efectos de la radiación emitida en las condiciones normales de uso y cada ejemplar que se comercialice tendrá un número de grado de protección al que corresponderá la curva de la distribución espectral de su factor de transmisión.

Los oculares adecuados a fuentes de radiación del mismo tipo estarán clasificados por números de grados de protección ordenados de menor a mayor y el fabricante presentará en su folleto informativo, en particular, las curvas de transmisión por las que se pueda elegir el EPI más adecuado, teniendo en cuenta los factores inherentes a las condiciones efectivas de uso, como la distancia en relación con la fuente y la distribución espectral de la energía radiada a esta distancia.

Cada ejemplar ocular filtrante llevará inscrito por el fabricante el número de grado de protección.

Radiaciones ionizantes

a) Protección contra la contaminación radiactiva externa

Los materiales constitutivos y demás componentes de los EPI destinados a proteger todo o parte del cuerpo contra el polvo, gas, líquidos radiactivos o sus mezclas, se elegirán o diseñarán y dispondrán de tal manera que los equipos impidan eficazmente la penetración de contaminantes en condiciones normales de uso.

El aislamiento exigido se podrá obtener impermeabilizando la cobertura protectora y/o con cualquier otro medio adecuado, como, por ejemplo, los sistemas de ventilación y de presurización que impidan la retrodifusión de estos contaminantes, dependiendo de la naturaleza o del estado de los contaminantes.

Cuando haya medidas de descontaminación que sean aplicables a los EPI, éstos deberán poder ser objeto de las mismas, sin que ello impida que puedan volver a utilizarse durante todo el tiempo de duración que se calcule para este tipo de equipos.

b) Protección limitada contra la irradiación externa

Los EPI que vayan a proteger totalmente al usuario contra la irradiación externa o, en su defecto, vayan a amortiguarla suficientemente, sólo se diseñarán para las radiaciones electrónicas (por ejemplo, la radiación beta) o fotónicas (X, gamma) de energía relativamente limitada.

Los materiales constitutivos y demás componentes de estos tipos de EPI se elegirán o diseñarán y dispondrán de tal manera que el nivel de protección del usuario sea tan alto como lo exijan las condiciones normales de uso sin que obstaculicen los gestos, posturas o desplazamientos de este último hasta tal punto que tenga que aumentar el tiempo de exposición (véase el apartado 1.3.2).

Los EPI llevarán una marca de señalización que indique la índole y el espesor del material o materiales, constitutivo y apropiado en condiciones normales de uso.

‖ Protección contra sustancias peligrosas y agentes infecciosos

| Protección respiratoria

Los EPI que vayan a proteger las vías respiratorias deberán permitir que el usuario disponga de aire respirable cuando esté expuesto a una atmósfera contaminada y/o cuya concentración de oxígeno sea insuficiente.

El aire respirable que proporcione este EPI al usuario se obtendrá por los medios adecuados, por ejemplo, filtrando el aire contaminado a través del dispositivo o medio protector o canalizando el aporte procedente de una fuente no contaminada.

Los materiales constitutivos y demás componentes de estos tipos de EPI se elegirán o diseñarán y dispondrán de tal manera que se garantice la función y la higiene respiratoria del usuario de forma adecuada durante el tiempo que se lleve puesto en las condiciones normales de empleo.

El grado de estanqueidad de la pieza facial, las pérdidas de carga en la inspiración y, en los aparatos filtrantes, la capacidad depurativa serán tales que, en una atmósfera contaminada, la penetración de los contaminantes sea lo suficientemente débil como para no dañar la salud o la higiene del usuario.

Los EPI llevarán la marca de identificación del fabricante y el detalle de las características propias de cada tipo de equipo que, con las instrucciones de utilización, permitan a un usuario entrenado y cualificado utilizarlos de modo adecuado.

Además, en el caso de los aparatos filtrantes, el fabricante indicará en su folleto informativo la fecha límite de almacenamiento del filtro nuevo y las condiciones de conservación, en su embalaje original.

| Protección contra los contactos cutáneos u oculares

Los EPI, cuya misión sea evitar los contactos superficiales de todo o parte del cuerpo con sustancias peligrosas y agentes infecciosos, impedirán la penetración o difusión de estas sustancias a través de la cobertura protectora, en las condiciones normales de uso para las que estos EPI se hayan comercializado.

Con este fin, los materiales constitutivos y demás componentes de estos tipos de EPI se elegirán o diseñarán y dispondrán de tal manera que, siempre que sea posible, garanticen una estanqueidad total que permita, si es necesario, un uso cotidiano que eventualmente pueda prolongarse o, en su defecto, una estanqueidad limitada que exija que se restrinja el tiempo que haya que llevarlo puesto.

Cuando por su naturaleza y por las condiciones normales de aplicación algunas sustancias peligrosas o agentes infecciosos tengan un alto poder de penetración que implique que los EPI adecuados dispongan de un período de tiempo de protección limitado, éstos deberán someterse a pruebas convencionales que permitan clasificarlos de acuerdo con su eficacia. Los EPI considerados conformes a las especificaciones de prueba llevarán una marca en la que se indique, en particular, los nombres o, en su defecto, los códigos de las sustancias utilizadas en las pruebas y el tiempo de protección convencional correspondiente.

Además, el fabricante mencionará en su folleto informativo, en particular, el significado de los códigos, si fuere necesario; la descripción detallada de las pruebas convencionales y cualquier dato que sirva para determinar el tiempo máximo admisible de utilización en las distintas condiciones previsibles de uso.

‖ Dispositivos de seguridad de equipos de inmersión

El equipo de respiración deberá permitir el suministro de una mezcla gaseosa respirable al usuario en condiciones de uso previsibles y teniendo en cuenta, en particular, la profundidad de inmersión máxima.

Si las condiciones de uso previsibles lo requieren, los equipos de buceo deberán comprender:

- Un traje que proteja al usuario contra el frío (véase el punto 3.7 del Reglamento (UE) 2016/425 el Parlamento Europeo y del Consejo, de 9 de marzo de 2016) y/o la presión resultante de la profundidad de la inmersión [véase el punto 3.2 del Reglamento (UE) 2016/425 el Parlamento Europeo y del Consejo, de 9 de marzo de 2016].

- Una alarma que avise sin demora al usuario de una próxima interrupción en la alimentación de la mezcla gaseosa respirable [véase el punto 2.8 del Reglamento (UE) 2016/425 del Parlamento Europeo y del Consejo, de 9 de marzo de 2016].

- Un dispositivo de salvamento que permita al usuario volver a la superficie [véase el punto 3.4.1 del Reglamento (UE) 2016/425 del Parlamento Europeo y del Consejo, de 9 de marzo de 2016].

2.
LA GESTIÓN DE LOS EPI DENTRO DEL SISTEMA DE GESTIÓN DE LA PREVENCIÓN DE RIESGOS LABORALES

La normativa establece que «la prevención de riesgos laborales deberá integrarse en el sistema general de gestión de la empresa, tanto en el conjunto de sus actividades como en todos los niveles jerárquicos de ésta, a través de la implantación y aplicación de un plan de prevención de riesgos laborales». (Art. 16.1 de la LPRL).

Para la implantación de un sistema de gestión integral de equipos de protección individual adecuado (siempre sobre la base de la evaluación de riesgos), la empresa ha de seguir una serie de fases (art. 7 del Real Decreto 773/1997, de 30 de mayo):

- La detección de necesidades de protección individual (esto se cumpliría con la evaluación de riesgos).

- Selección y definición del EPI adecuado a cada puesto de trabajo o tarea. Nuevamente la evaluación de riesgos definirá para cada puesto o cada actividad necesaria en el proceso productivo los EPI atendiendo a los requisitos de protección detectados.

- Adquisición del EPI verificando el cumplimiento de calidad necesario.

- Distribución a las personas trabajadoras de forma gratuita.

- Impartición de la formación e información para su correcto uso (arts. 18 y 19 de la LPRL).

- Control del uso adecuado [arts. 3.d) y 7 del Real Decreto 773/1997, de 30 de mayo].

- Mantenimiento y vigilancia de posibles desgastes (art. 7 del Real Decreto 773/1997, de 30 de mayo) mediante controles activos y reactivos.

- Retirada o sustitución de los EPI.

- En caso de modificaciones en cualquiera de las circunstancias y condiciones que motivaron la elección del EPI, tras verificar la necesidad de llevar a cabo una nueva selección, procederá comenzar de nuevo el proceso descrito.

La unidad de prevención de riesgos laborales (o el servicio de prevención de riesgos laborales seleccionado) será la responsable de analizar y valorar en cada caso la necesidad de proceder a la dotación de EPI por puesto de trabajo, así como de verificar la conformidad del equipo elegido con las condiciones y requisitos establecidos en el art. 5 del Real Decreto 773/1997, de 30 de mayo.

En todas las fases será necesario contar con la consulta y participación de las personas trabajadoras.

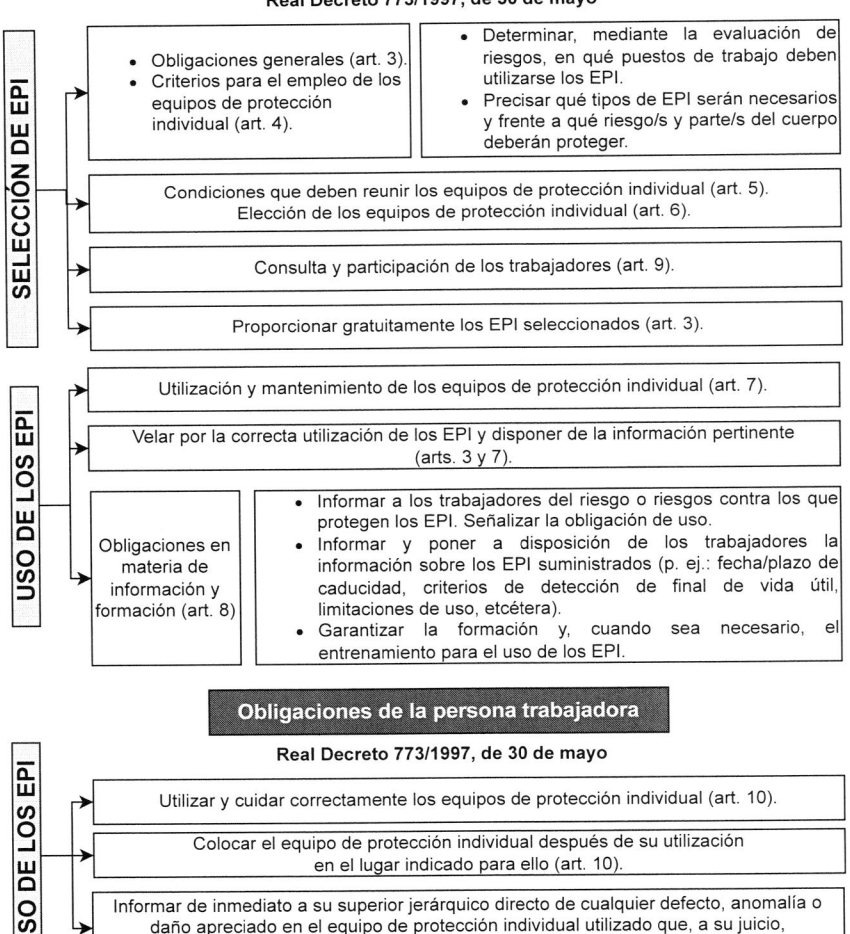

OBLIGACIONES DE EMPRESARIOS Y TRABAJADORES EN RELACIÓN CON LA SELECCIÓN Y EL USO DE LOS EQUIPOS DE PROTECCIÓN INDIVIDUAL

Obligaciones del empresario

Real Decreto 773/1997, de 30 de mayo

SELECCIÓN DE EPI

- Obligaciones generales (art. 3).
- Criterios para el empleo de los equipos de protección individual (art. 4).

- Determinar, mediante la evaluación de riesgos, en qué puestos de trabajo deben utilizarse los EPI.
- Precisar qué tipos de EPI serán necesarios y frente a qué riesgo/s y parte/s del cuerpo deberán proteger.

Condiciones que deben reunir los equipos de protección individual (art. 5). Elección de los equipos de protección individual (art. 6).

Consulta y participación de los trabajadores (art. 9).

Proporcionar gratuitamente los EPI seleccionados (art. 3).

USO DE LOS EPI

Utilización y mantenimiento de los equipos de protección individual (art. 7).

Velar por la correcta utilización de los EPI y disponer de la información pertinente (arts. 3 y 7).

Obligaciones en materia de información y formación (art. 8)

- Informar a los trabajadores del riesgo o riesgos contra los que protegen los EPI. Señalizar la obligación de uso.
- Informar y poner a disposición de los trabajadores la información sobre los EPI suministrados (p. ej.: fecha/plazo de caducidad, criterios de detección de final de vida útil, limitaciones de uso, etcétera).
- Garantizar la formación y, cuando sea necesario, el entrenamiento para el uso de los EPI.

Obligaciones de la persona trabajadora

Real Decreto 773/1997, de 30 de mayo

USO DE LOS EPI

Utilizar y cuidar correctamente los equipos de protección individual (art. 10).

Colocar el equipo de protección individual después de su utilización en el lugar indicado para ello (art. 10).

Informar de inmediato a su superior jerárquico directo de cualquier defecto, anomalía o daño apreciado en el equipo de protección individual utilizado que, a su juicio, pueda entrañar una pérdida de su eficacia protectora (arts. 10).

A TENER EN CUENTA. Cuando se recurra a la utilización de equipos de protección individual, las razones que justifican dicha utilización se harán constar en la documentación prevista en el artículo 23 de la Ley 31/1995, de 8 de noviembre.

2.1. Selección, utilización y mantenimiento de los equipos de protección individual (EPI) y su documentación

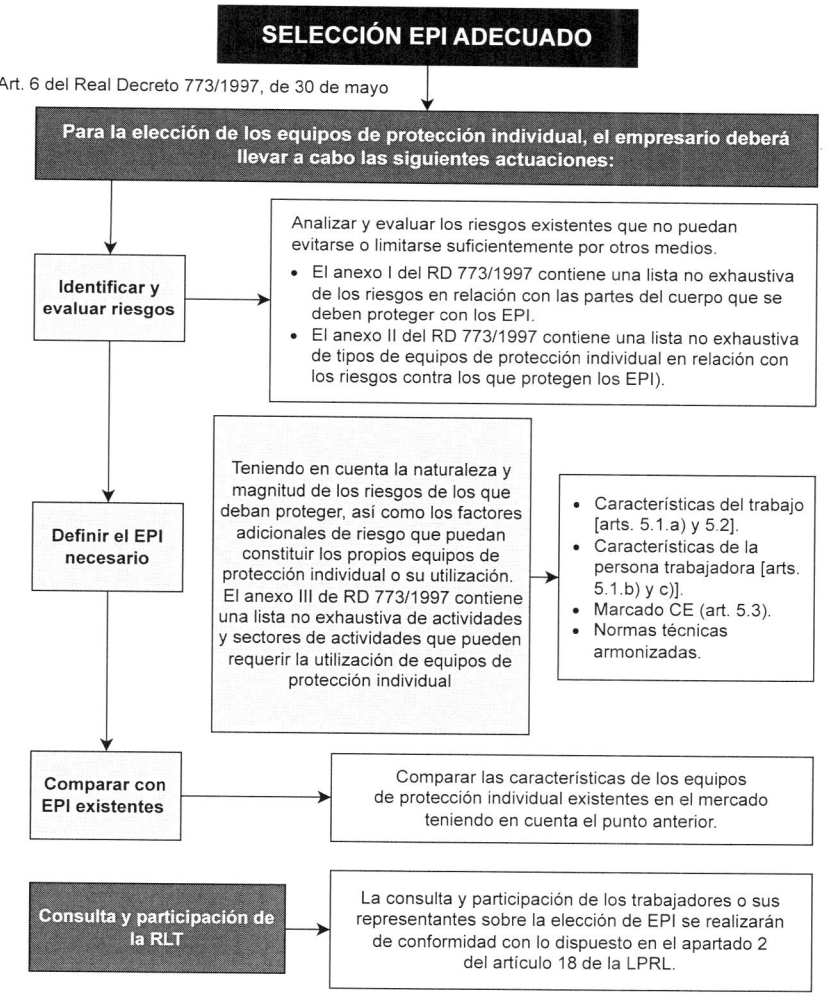

SELECCIÓN EPI ADECUADO

Art. 6 del Real Decreto 773/1997, de 30 de mayo

Para la elección de los equipos de protección individual, el empresario deberá llevar a cabo las siguientes actuaciones:

Identificar y evaluar riesgos

Analizar y evaluar los riesgos existentes que no puedan evitarse o limitarse suficientemente por otros medios.
- El anexo I del RD 773/1997 contiene una lista no exhaustiva de los riesgos en relación con las partes del cuerpo que se deben proteger con los EPI.
- El anexo II del RD 773/1997 contiene una lista no exhaustiva de tipos de equipos de protección individual en relación con los riesgos contra los que protegen los EPI).

Definir el EPI necesario

Teniendo en cuenta la naturaleza y magnitud de los riesgos de los que deban proteger, así como los factores adicionales de riesgo que puedan constituir los propios equipos de protección individual o su utilización. El anexo III de RD 773/1997 contiene una lista no exhaustiva de actividades y sectores de actividades que pueden requerir la utilización de equipos de protección individual

- Características del trabajo [arts. 5.1.a) y 5.2].
- Características de la persona trabajadora [arts. 5.1.b) y c)].
- Marcado CE (art. 5.3).
- Normas técnicas armonizadas.

Comparar con EPI existentes

Comparar las características de los equipos de protección individual existentes en el mercado teniendo en cuenta el punto anterior.

Consulta y participación de la RLT

La consulta y participación de los trabajadores o sus representantes sobre la elección de EPI se realizarán de conformidad con lo dispuesto en el apartado 2 del artículo 18 de la LPRL.

Desarrollo de una metodología práctica de selección de los EPI

Siguiendo la «**Fichas de Divulgación Normativa (FND): Selección y uso de los Equipos de Protección Individual**» del INSST, el desarrollo de una metodología práctica de selección de los EPI pasaría por una serie de fases:

- **1.ª fase:** evaluación de los riesgos remanentes (riesgos que no pueden evitarse por otros medios, protección colectiva, medidas de organización del trabajo, etc.). Para ello, se debe cumplimentar el inventario de riesgos del anexo II del Real Decreto 773/1997, de 30 de mayo.

- **2.ª fase:** definición de los requisitos técnicos que ha de cumplir el equipo y toma en consideración de los factores de riesgo que pueda introducir el equipo que se vaya a seleccionar.

- **3.ª fase:** confección de una lista de control con las especificaciones a cumplir por el EPI, basándose en los riesgos que deben cubrirse y en los riesgos debido al equipo. En la figura 3 se incluye un modelo de lista para el caso concreto de los equipos de protección frente a caídas de altura.

- **4.ª fase:** facilitar dicha lista de control a los posibles suministradores.

- **5.ª fase:** preselección del equipo, que ha de responder a las siguientes solicitaciones:

  - Adecuación a la legislación nacional y comunitaria que le sea de aplicación (marcado «CE», etcétera).

  - Adecuación al nivel de riesgo a proteger, sin suponer un riesgo adicional.

  - Adecuada adaptabilidad e integración en el medio ambiente laboral.

  - Adecuada adaptabilidad al trabajador tras los necesarios ajustes.

  - Compatibilidad en caso de múltiples riesgos.

- **6.ª fase:** realizar pruebas prácticas en el lugar de trabajo (en caso de ser factible), al objeto de verificar que los rendimientos técnicos se corresponden con los ofertados y que la adaptabilidad es la adecuada.

- **7.ª fase:** formar e instruir a los trabajadores en el uso de los equipos seleccionados. Puntos básicos de esta formación han de ser:

  - Presencia del fabricante/suministrador en caso de equipos de diseño complejo.

  - Explicar las causas por las que se debe usar el equipo y qué tipo de protección proporciona.

  - De qué riesgos no protege.

  - Cómo usarlo y cerciorarse de que protege.

  - Cuando debe desecharse.

  - Cuál es el mantenimiento necesario.

- Realización de instrucciones internas de uso y mantenimiento siguiendo las indicaciones del art. 7 del Real Decreto 773/1997, de 30 de mayo.

 - **8.ª fase:** aseguramiento de la aceptación, para lo cual es imprescindible una motivada y activa participación de los trabajadores y sus representantes en el Comité de Seguridad y Salud, desde el comienzo del proceso, junto con campañas eficaces de divulgación y sensibilización.

 - **9.ª fase:** revisión de la selección en función de los cambios tecnológicos introducidos en el trabajo.

Consulta y participación a los trabajadores en el proceso de selección

Según el art. 18.2 de la LPRL, las personas trabajadoras tendrán derecho a efectuar propuestas al empresario, así como a los órganos de participación y representación previstos legalmente, dirigidas a la mejora de los niveles de protección de la seguridad y la salud en la empresa. Además, es preceptivo que los delegados de prevención sean consultados previamente sobre el tipo de equipos de protección individual que elija la empresa de acuerdo al art. 33.1.a) de la LPRL.

Utilización y mantenimiento de los equipos de protección individual

La utilización, el almacenamiento, el mantenimiento, la limpieza, la desinfección cuando proceda, y la reparación de los equipos de protección individual deberán efectuarse de acuerdo con las instrucciones del fabricante.

Salvo en casos particulares excepcionales, los equipos de protección individual solo podrán utilizarse para los usos previstos.

Las condiciones en que un equipo de protección deberá utilizarse, en particular, en lo que se refiere al tiempo durante el cual haya de llevarse, se determinarán en función de:

 - La gravedad del riesgo.

 - El tiempo o frecuencia de exposición al riesgo.

 - Las condiciones del puesto de trabajo.

 - Las prestaciones del propio equipo.

 - Los riesgos adicionales derivados de la propia utilización del equipo que no hayan podido evitarse.

Los equipos de protección individual estarán destinados, en principio, a un uso personal. Si las circunstancias exigiesen la utilización de un equipo por varias personas, se adoptarán las medidas necesarias para que ello no origine ningún problema de salud o de higiene a los diferentes usuarios.

«Compete a la empresa no solo facilitar al trabajador los equipos de protección individual que el puesto de trabajo requiera, sino también velar por

57

que el trabajador utilice de manera efectiva dichos equipos». (Sentencia del Tribunal Superior de Justicia de Castilla-La Mancha n.º 580/2015, de 21 de mayo, ECLI:ES:TSJCLM:2015:1475).

Registro documental asociado a los EPI

Más allá de dar cumplimiento a las acciones establecidas por la LPRL, el empresario debe tener un registro escrito de todas las acciones realizadas con los EPI, lo que obliga a **registrar documentalmente dentro del sistema de gestión el procedimiento de entrega, uso y control mediante acciones como:**

- Registro de la consulta y participación a los trabajadores en el proceso de selección de conformidad con lo dispuesto en el apartado 2 del artículo 18 de la Ley de Prevención de Riesgos Laborales.

- Registro de la entrega del EPI al inicio de la actividad laboral (previa información de los riesgos asociados al puesto de trabajo).

- Registro de información del EPI relevante para el trabajador (entrega de instrucciones de uso y mantenimiento).

- Registro de formación en el uso del EPI (teórica, práctica o con adiestramiento en caso de considerarse necesario).

- Registro de control (auditoría del uso y condiciones en las que se encuentra el EPI). El denominado deber *in vigilando* regulado en el art. 3.d) del Real Decreto 773/1997, de 30 de mayo, obliga al empresario a velar por que la utilización de los equipos se realice conforme a lo dispuesto en el artículo 7 del mismo Real Decreto.

> **A TENER EN CUENTA.** La evaluación de riesgos laborales del centro definirá las características que deban cumplir los equipos de protección individual. Con carácter general, se recomienda que la empresa guarde en soporte informático los datos relativos a cada equipo y usuario para el control de la correcta utilización, mantenimiento y reposición de los EPI.

Dentro de este punto, hemos de prestar especial atención a las **fichas de control de equipos de protección individual**, donde se concentrará documentalmente la información que se considera necesaria para la correcta aplicación del Real Decreto 773/1997, de 30 de mayo, dividida en una **ficha del propio equipo y una ficha de entrega**.

Siguiendo modelo orientativo publicado por el INSST, estas fichas han de contener de manera clara:

1. **Ficha del equipo de protección individual:**

- Denominación del EPI, marca y modelo.

- Datos de la empresa.

- Fechas de adquisición y caducidad.

- Fecha de consulta con los representantes de los trabajadores.

- Puesto de trabajo donde es necesario el uso del EPI, relacionado con los riesgos para los que es necesario y las características del lugar de trabajo y personas trabajadoras [arts. 4 y 5.1.a) y b) del Real Decreto 773/1997, de 30 de mayo].
- Características del EPI (arts. 6.1. y 6.2 del Real Decreto 773/1997, de 30 de mayo).
- Normas armonizadas aplicables (arts. 6.1. y 6.2 del RD 773/1997, de 30 de mayo).
- Uso conjunto con otros EPI (art. 5.2 del RD 773/1997, de 30 de mayo).
- Formación e información relevante impartida a las personas trabajadoras sobre su uso y mantenimiento (arts. 7 y 8 del Real Decreto 773/1997, de 30 de mayo).
- Cualquier observación necesaria.

2. **Ficha de entrega del equipo de protección individual**:
- Datos de la persona trabajadora.
- Denominación del EPI, marca y modelo.
- Características personales de la persona trabajadora que se han tenido en cuenta.
- Fecha de entrega.
- Núm. de unidades entregadas.
- Formación e información impartida y su acreditación.
- Normas de uso del EPI. Debe indicarse claramente la necesidad de utilizar, cuidar y almacenar correctamente los EPI.
- Cualquier observación necesaria.

CUESTIONES

1. ¿Qué actuaciones deberá llevar a cabo el empresario para la elección de los equipos de protección individual?

Según la nueva redacción dada al art. 6 del Real Decreto 773/1997, de 30 de mayo por parte del Real Decreto 1076/2021, de 7 de diciembre:

«(...) para la elección de los equipos de protección individual, el empresario deberá llevar a cabo las siguientes actuaciones:

a) Analizar y evaluar los riesgos existentes que no puedan evitarse o limitarse suficientemente por otros medios. En el anexo I figura un esquema indicativo de los riesgos en relación con las partes del cuerpo que se pueden proteger con los equipos de protección individual.

b) Definir las características que deberán reunir los equipos de protección individual para garantizar su función, teniendo en cuenta la naturaleza y magnitud de los riesgos de los que deban proteger, así como los factores adicionales de riesgo que puedan constituir los propios equipos de protección individual durante su utilización.

c) Comparar las características de los equipos de protección individual existentes en el mercado con las definidas según lo señalado en el párrafo anterior».

2. ¿Qué debe reflejar la evaluación de riesgos para definir correctamente el EPI a comprar?

Una vez identificado el riesgo debemos evitar realizar una descripción genérica del EPI necesario. Para realizar una correcta valoración de los requisitos de protección de un EPI antes de su compra se recomienda fijar por escrito aspectos como:

- Calidades y materiales de fabricación con referencia a aspectos de su confección (algodón, poliéster, cierre con cremallera, bolsillos, etcétera).

- Normas que debe cumplir (en concreto, las normas UNE).

- Grado o nivel de protección necesario.

- Vida útil, condiciones de control de desgaste, calidad de las piezas de repuesto, etcétera.

- Adaptación ergonómica (talla, dimensiones, etcétera).

- Necesidad de compatibilidad con otros EPI.

DOCUMENTOS RELEVANTES

- Guía Técnica del INSST relativa al uso de equipos de protección individual en el trabajo. INSST. Año 2022.

- Apéndice 6 de la Guía Técnica del INSST relativa a la exposición a riesgos biológicos.

- NTP 787: Equipos de protección respiratoria: identificación de los filtros según sus tipos y clase. INSST. Año 2008.

- NTP 938: Guantes de protección contra microorganismos. INSST. Año 2012.

- NTP 772: Ropa de protección contra agentes biológicos INSST. Año 2007.

- NTP 813: Calzado para protección individual: Especificaciones, clasificación y marcado. INSST. Año 2008.

- FND: Selección y uso de los Equipos de Protección Individual. INSST. Año 2010.

- UNE-EN 149:2001 + A1:2010. Dispositivos de protección respiratoria. Medias máscaras filtrantes de protección contra partículas. Requisitos, ensayos, marcado.

- UNE-EN 143:2022. Equipos de protección respiratoria. Filtros contra partículas. Requisitos, ensayos, marcado.

- UNE-EN 140:1999. Equipos de protección respiratoria. Medias máscaras y cuartos de máscara. Requisitos, ensayos, marcado.

- UNE-EN ISO 374-5:2016. Guantes de protección contra productos químicos y los microorganismos peligrosos. Parte 5: Terminología y requisitos de prestaciones para riesgos por microorganismos. (ISO 3745:2016).

- UNE-EN 14126: 2004 y UNE-EN 14126: 2004/AC: 2006. Ropa de protección. Requisitos y métodos de ensayo para la ropa de protección contra agentes biológicos.

- UNE-EN 14605:2005 + A1:2009. Ropa de protección contra productos químicos líquidos. Requisitos de prestaciones para la ropa con uniones herméticas a los líquidos (Tipo 3) o con uniones herméticas a las pulverizaciones (Tipo 4), incluyendo las prendas que ofrecen protección únicamente a ciertas partes del cuerpo (Tipos PB [3] y PB [4]).

- UNE EN 166:2002. Protección individual de los ojos. Especificaciones.

2.2. Entrega a la persona trabajadora de los EPI

El empresario se encuentra obligado a proporcionar gratuitamente a los trabajadores los equipos de protección individual que deban utilizar, poniéndolos cuando resulte necesario [art. 14.5 de la LPRL, Directiva 89/656/CEE del Consejo, de 30 de noviembre de 1989 y art. 3.c) del Real Decreto 773/1997, de 30 de mayo].

De ello, lo que se desprende es que el empresario tiene la obligación de proporcionar a los trabajadores los equipos de protección individuales que hayan de utilizar, a su entero cargo —de forma gratuita— y sin que ello suponga gasto alguno para el trabajador. En efecto, así se desprende de forma diáfana de la normativa comunitaria que se ha referenciado, el artículo 4.6 de la Directiva Marco establece que no deben suponer una carga financiera para los trabajadores, lo que ha sido objeto de transposición al Derecho interno como que su coste no debe recaer sobre los trabajadores (art. 14.5 de la LPRL), y que han de ser proporcionados gratuitamente por la empresa [art. 3.c) del Real Decreto 773/1997, de 30 de mayo]:

> «El incumplimiento de una medida seguridad, general o particular, establecida en las normas preventivas e incluso el **incumplimiento de cualquier otra medida de seguridad que racionalmente fuera necesaria a consecuencia de la evaluación de riesgos, aunque no fuera normativamente exigible entraña un incumplimiento de la obligación general de seguridad que alcanza al empresario** (...). Consecuentemente con ello **el empresario deberá acreditar en cada caso concreto que ha actuado con toda la diligencia exigible** cumpliendo con las diversas obligaciones específicas que integran el deber genérico de garantizar una protección eficaz de la salud y seguridad de sus trabajadores (...)» (STSJ de Asturias n.º 2352/2018, de 16 de octubre, ECLI:ES:TSJAS:2018:3122).

Llevando lo anterior al ámbito de los EPI, la empresa ha de acreditar el cumplimiento de las obligaciones de consulta y compra de los equipos siguiendo los parámetros establecidos en cada caso, la entrega al trabajador del material, la información/formación sobre el mismo y el control de su utilización.

Para la correcta documentación del cumplimiento las obligaciones relacionadas con los EPI es recomendable contar con un **procedimiento para asegurar la entrega y uso de los equipos de protección. A modo orientativo** proponemos el siguiente procedimiento:

1. **Nombrar un coordinador o encargado de esta materia.** Será necesario contar con una persona trabajadora que coordine las premisas marcadas por el servicio de prevención y la evaluación de riesgos para la selección de equipos, así como facilitar copias de los registros necesarios.

2. **Seguir la evaluación de riesgos**. Como hemos indicado la evaluación de riesgos será donde se concrete, para cada puesto, el riesgo o riesgos frente a los que debe ofrecerse protección, las partes del cuerpo a proteger y el tipo de equipo o equipos de protección individual que deberán utilizarse.

3. **Verificación de la conformidad del EPI elegido con las condiciones y requisitos establecidos**. El responsable (coordinador de prevención y/o servicio de prevención) deberá llevar a cabo las actuaciones necesarias para verificar que las características de los equipos de protección individual garantizan su función según la evaluación de riesgos.

   Para la correcta verificación, se recomienda referenciar las normas aplicables y su cumplimiento.

4. **Formación para la correcta utilización del EPI**. Todo personal que vaya a recibir un EPI, previamente a su utilización, deberá recibir formación en su utilización y mantenimiento, dirigida por el servicio de prevención o responsable con formación para ello. Deberá quedará debidamente acreditado el adiestramiento en extremos como:
   - Los riesgos existentes.
   - Las actividades, ocasiones o zonas en las que debe utilizarse.
   - Instrucciones sobre la forma correcta de utilizarlos y mantenerlos.
   - Los riesgos adicionales derivados de la propia utilización del equipo.
   - Etcétera.

5. **Entrega del EPI**. Lo que se cumplirá con la firma de un recibí donde el trabajador reconoce haber recibido un EPI (indicando modelo y marca), haber sido informado de los trabajos y zonas en los que debe utilizar dicho equipo, así como haber recibido las instrucciones para su correcto uso.

   Complementando lo anterior, en la práctica, estos modelos incluyen la solicitud del compromiso de la persona trabajadora de:
   - Utilizar el EPI durante la jornada de trabajo en las tareas y/o áreas señalizadas.
   - Consultar cualquier duda sobre su utilización.
   - Cuidado de su estado y conservación.
   - Solicitar un nuevo equipo en caso de pérdida o deterioro del mismo.

6. **Registro de equipos de protección individual**. La persona designada al efecto deberá tener un **registro de equipos de protección individual** donde conste en todo momento:
   - Denominación equipo.
   - Marca y modelo.
   - Fecha de compra.
   - Usuario.
   - Fecha de entrega.
   - Fecha de reposición prevista.

A TENER EN CUENTA. El personal que reciba formación/información y equipo deberán firmar la correspondiente hoja de registro.

RESOLUCIÓN RELEVANTE

STSJ de Cataluña, rec. 5023/2023, de 22 de enero del 2024, ECLI:ES:TSJCAT:2024:162

En el fallo se hace referencia a que la empresa no ha facilitado los EPIS obligatorios para los riesgos del puesto de transportistas según la evaluación de riesgos del puesto: arnés anticaídas, calzado de seguridad, chaleco alta visibilidad y guantes de protección contra riesgos mecánicos. Según consta en el informe de la Inspección de Trabajo: «La empresa no ha aportado el recibí de entrega al trabajador de los EPI».

7. **Control**. En este punto se incluye la vigilancia de la utilización, el almacenamiento, el mantenimiento, la limpieza, o la reparación de los equipos de protección individual siguiendo las instrucciones del fabricante. Cualquier incidencia en estos campos ha de ser documentada para lo que se recomienda (con la participación de las personas trabajadoras) contar con una lista de control por actividad que presente riesgos distintos.

8. **Penalización en caso de incumplimiento**. Con independencia de otras responsabilidades en que la persona trabajadora pueda incurrir en caso de no utilización o no cumplimiento de las directrices y normas en materia de prevención, corresponderá a la empresa sancionar los incumplimientos según las especificaciones del convenio colectivo.

RESOLUCIONES RELEVANTES

Sentencia del Juzgado de los Social de Valladolid, n.º 9/2018, de 23 de enero, ECLI:ES:JSO:2018:719

La entrega o devolución del EPI debe documentarse por escrito dada la posible responsabilidad administrativa del empresario derivada de su ausencia. Las obligaciones empresariales en este sentido se integran de forma general en las tratadas por el Real Decreto 773/1997 (proporcionar los EPI a los trabajadores de forma gratuita, velar por su correcta utilización, asegurarse del adecuado mantenimiento de los equipos y proporcionar la información y formación correspondiente a los trabajadores).

«Con ello, ha de concluirse que el art. 14.5 de la LPRL no constituye cobertura jurídica suficiente para incluir el tiempo invertido en ponerse y quitarse las prendas que a la vez constituyen equipos de protección individual como tiempo efectivo de trabajo».

STSJ de Cataluña, n.º 7136/2013, de 4 de noviembre, ECLI:ES:TSJCAT:2013:11052

«Es el empresario el que tiene la posición de garante («empresario garante») del cumplimiento de las normas de prevención (arts. 19.1 del ET y 14 de la LPRL). El trabajador tiene también sus obligaciones, pero más matizadas y menos enérgicas: debe observar en su trabajo las medidas legales y reglamentarias de seguridad (art. 19.2 del ET), pero «según sus posibilidades», como dice expresamente el art. 29.1 de la LPRL.

Tiene que utilizar correctamente los medios de protección proporcionados por el empresario, pero el trabajador no tiene la obligación de aportar estos medios, ni de organizar la prestación de trabajo de una manera adecuada».

2.3. Diseño, planificación y organización de la información y formación de los trabajadores en PRL

La formación de los trabajadores en materia preventiva ha de ser planificada, por lo que será un punto de análisis dentro de la configuración inicial de la organización de la prevención de riesgos laborales en la empresa.

Para diseñar, planificar, organizar y establecer el programa de información y formación preventiva de la empresa, debemos planificar la formación en distintos niveles, dentro de los cuales encontraremos la utilización y manejo de los EPI.

Planificación de la información y formación preventiva inicial

Se corresponde con la denominada «formación de acogida». Toda persona trabajadora, en el momento de la contratación, recibirá una copia del manual de prevención de riesgos laborales, una copia resumida del plan de emergencia y las normas generales de la empresa, información sobre los riesgos generales existentes y sus medidas de prevención y protección, así como de las medidas de emergencia adoptadas.

La persona trabajadora deberá dejar constancia por escrito de que efectivamente ha sido informada.

> **CUESTIÓN**
>
> **¿De qué documentación constará la formación inicial en materia preventiva?**
>
> – Manual general de prevención y procedimientos de actuación en los que esté implicado.
> – Normas generales de prevención en la empresa.
> – Plan de emergencia.

Planificación de la información y formación preventiva específica del puesto de trabajo

Independientemente de la información inicial recibida, el mando directo deberá informar al trabajador de los riesgos específicos del puesto de trabajo que ocupa en función del puesto de trabajo, en base a las máquinas y equipos, las fichas de seguridad de los productos, las normas de referencia y la legislación y reglamentación aplicable.

Para cada puesto de trabajo, se dispondrá de una hoja informativa actualizada en la que se indique claramente los riesgos del puesto y las medidas y normas de seguridad adoptadas en cada caso.

Nuevamente será necesaria la entrega de este documento a los trabajadores, haciendo constar los receptores, la fecha y la firma de los mismos, de manera que se pueda llevar un control, debiéndose complementar, además, esta información escrita con la necesaria información verbal.

Es recomendable asignar a cada nuevo trabajador un monitor de formación que podrá ser un operario específicamente designado para esta función o el propio mando directo.

Planificación de un programa de formación anual de información y formación preventiva continua

De acuerdo con un programa anual establecido, se realizarán acciones formativas específicas para directivos y técnicos, mandos intermedios y trabajadores. En caso de incorporación al proceso productivo de nuevas tecnologías o sustancias que incidan sobre los procedimientos y métodos de trabajo, también será necesario impartir información y formación específica, teórica y práctica.

Como buenas prácticas dentro del programa anual de formación preventiva deberán constar todos los extremos de interés y que permitan auditar la información o formación impartida (metodología, objetivos generales y específicos; responsables; destinatarios; contenido; cronograma; método de evaluación; recursos técnicos y humanos destinados; etcétera.

Designación de responsables y personal involucrado

Cada parte del organigrama empresarial deberá ser consciente de sus responsabilidades. A modo de ejemplo:

Dirección	Tendrá la responsabilidad de asegurar que todos los trabajadores poseen la información y formación adecuadas a sus funciones.
Coordinador de prevención	Tendrá la responsabilidad de asesorar e indicar a los mandos intermedios qué aspectos clave de seguridad y salud deben ser transmitidos a los trabajadores. En su caso: – Deberá cuidar de informar a todos los trabajadores, en especial a los de nuevo ingreso, de los riesgos generales del centro de trabajo y de las normas establecidas. – Es el encargado de diseñar, coordinar, e implantar el programa de formación preventiva e integrarlo dentro del programa general de formación de la empresa. – Es el responsable de archivar y registrar los informes de evaluación. – Cuidará de impartir la formación inicial de carácter general a los nuevos trabajadores.

Delegado de prevención	Tendrá la responsabilidad de velar por que todos los trabajadores estén informados en materia de prevención de riesgos laborales, para lo cual ha de comprobar que el programa de formación preventiva de la empresa se realiza de acuerdo con lo previsto.
Mandos directos	Son los responsables de informar a los trabajadores a su cargo sobre los riesgos para la seguridad y salud laboral y sobre la forma de llevar a cabo las tareas de forma correcta y segura. Deberán: – Impartir la formación específica, del puesto de trabajo al personal de su sección, resaltando aquellas tareas críticas y los equipos de protección individual y ropa de trabajo necesaria en cada caso. – Cuando se considere necesario recibirán apoyo y asesoramiento de personal especializado interno o externo a la empresa. – Deberá cumplimentar y firmar el certificado pertinente tras haber comprobado que el trabajador está en condiciones de trabajar individualmente y de manera autónoma en las tareas propias de su puesto de trabajo.
Personas trabajadoras	Sobre ellos/as recae el derecho a ser informados y formados sobre los riesgos laborales a los que están expuestos. Del mismo modo, podrán: – Comunicar cualquier situación que detecten que pueda generar peligro para sí mismos o para otros trabajadores. – Comunicar cualquier aspecto relativo que consideren oportuno en relación con posibles sugerencias de mejora de la acción formativa.
Responsable/s de realizar las evaluaciones de riesgos	Deberán comunicar a la organización los riesgos identificados en cada puesto de trabajo, así como las medidas preventivas necesarias para su debido control, entre las que se incluyen las pertinentes acciones formativas.

Fuente: NTP 559: Sistema de gestión preventiva: procedimiento de control de la información y formación preventiva. INSST. Año 2000.

Registro y archivo de las acciones formativas

El responsable de cada acción formativa realizará, a su finalización, una evaluación de la misma y elaborará un informe que contenga los siguientes datos: periodo; nombre, cargo y demás datos personales y profesionales de los destinatarios; contenido y, por último, resultados de la evaluación (art. 42 de la LPRL).

Dichos informes se archivarán y registran en un lugar específico.

Medidas de formación e información en relación con los EPI

Teniendo en cuenta los puntos anteriores, el Real Decreto 773/1997, de 30 de mayo, sobre disposiciones mínimas de seguridad y salud relativas a la utilización por los trabajadores de equipos de protección individual, configura una serie de obligaciones en relación a la selección de EPI y su utilización para empresario y personas trabajadoras en sus arts. 3 a 10.

Junto a las obligaciones en materia de información y formación establecidas en los arts. 18 y 19 de la Ley de Prevención de Riesgos Laborales, el empresario adoptará las medidas adecuadas para que los trabajadores y los representantes de los trabajadores reciban formación y sean informados sobre los EPI facilitados.

Igualmente, conforme al art. 8 del Real Decreto 773/1997, de 30 de mayo, el empresario deberá informar a los trabajadores, previamente al uso de los equipos, de los riesgos contra los que les protegen, así como de las actividades u ocasiones en las que deben utilizarse. Asimismo:

- Deberá proporcionarles instrucciones, preferentemente por escrito, sobre la forma correcta de utilizarlos y mantenerlos.

- El manual de instrucciones o la documentación informativa facilitados por el fabricante estarán a disposición de los trabajadores.

- La información que se facilite deberá ser comprensible para los trabajadores.

- Organizará, en su caso, sesiones de entrenamiento para la utilización de equipos de protección individual, especialmente cuando se requiera la utilización simultánea de varios equipos de protección individual que por su especial complejidad así lo haga necesario.

2.4. Implantación de los EPI

La prevención debe integrarse en todos los ámbitos de la empresa, para lo cual se deberá llevar a cabo una planificación de la actividad preventiva que debe partir de la situación real de cada empresa mediante el conocimiento de la magnitud de sus riesgos, la evaluación de los riesgos que no puedan eliminarse y la implantación de las medidas de control necesarias.

Implementar la utilización de lo EPI correctamente es crucial para la seguridad y salud de los trabajadores frente a riesgos laborales por lo que fuera de cualquier aspecto técnico también será necesario hacer llegar a las personas trabajadoras que los utilizarán su importancia.

Como premisa básica de la PRL, antes de adoptar cualquier medida relacionada con los EPI ha de agotare cualquier posibilidad organizativa de prevención. En la actividades en las que se realicen tareas en las que no sea posible aplicar las medidas preventivas organizativas especificadas anteriormente, se estudiarán otras alternativas de protección adecuadas como puede ser el caso del uso de equipos de protección personal. Llegados ese punto, a falta de un sistema normalizado, esquematizamos los pasos recomendables.

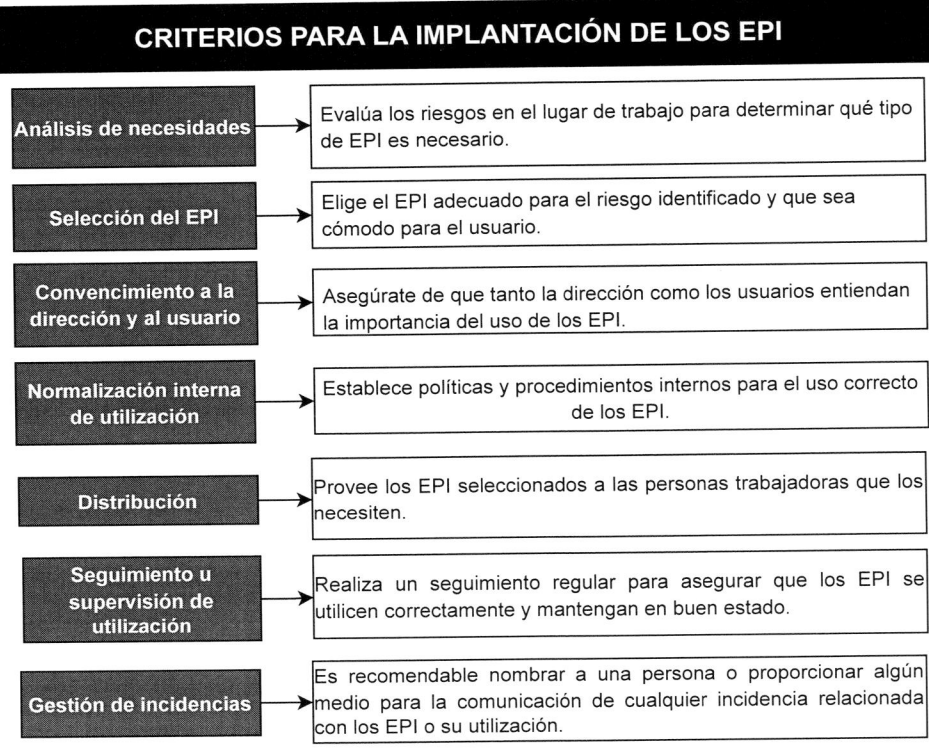

CRITERIOS PARA LA IMPLANTACIÓN DE LOS EPI

Análisis de necesidades → Evalúa los riesgos en el lugar de trabajo para determinar qué tipo de EPI es necesario.

Selección del EPI → Elige el EPI adecuado para el riesgo identificado y que sea cómodo para el usuario.

Convencimiento a la dirección y al usuario → Asegúrate de que tanto la dirección como los usuarios entiendan la importancia del uso de los EPI.

Normalización interna de utilización → Establece políticas y procedimientos internos para el uso correcto de los EPI.

Distribución → Provee los EPI seleccionados a las personas trabajadoras que los necesiten.

Seguimiento u supervisión de utilización → Realiza un seguimiento regular para asegurar que los EPI se utilicen correctamente y mantengan en buen estado.

Gestión de incidencias → Es recomendable nombrar a una persona o proporcionar algún medio para la comunicación de cualquier incidencia relacionada con los EPI o su utilización.

Para asegurar el conocimiento por parte de los usuarios de la importancia del EPI y con el objetivo de sensibilizar hacia un comportamiento activo en prevención de riesgos laborales, la tendencia actual en la PRL es la de realizar campañas de sensibilización y concienciación sobre el uso del EPI.

2.5. Sustitución y retirada de los EPI

Como se desprende del contenido global de la obra, es trascendental que exista un procedimiento para mantener los EPI en condiciones óptimas para asegurar la protección efectiva de los trabajadores, siguiendo un **protocolo claro y estructurado para la notificación y gestión de incidencias** relacionadas con estos equipos esenciales para la seguridad laboral.

A pesar de que el Real Decreto 773/1997, de 30 de mayo, sobre disposiciones mínimas de seguridad y salud relativas a la utilización por los trabajadores de equipos de protección individual, no concreta en su articulado reglas sobre este aspecto, la gestión adecuada de estos equipos es fundamental para garantizar la seguridad y salud de los trabajadores.

La sustitución y retirada de estos equipos se hace necesaria bajo ciertas circunstancias lógicas, tales como la **detección de defectos, daños, sustracción, o cuando se alcanza la fecha de caducidad establecida por el fabricante**.

El proceso comienza cuando, dentro del flujo de información necesario, los responsables de las unidades, servicios o departamentos, o las personas trabajadores designadas, **identifican cualquier anomalía en los EPI que pueda comprometer su eficacia protectora**. En tal caso, como deberías estar estandarizado en todo organización, deben rellenar y enviar un formulario de solicitud a la unidad de prevención de riesgos laborales o responsable en el materia, quien verificará la necesidad de sustitución y gestionará la adquisición y envío del nuevo equipo.

En casos de **sustracción o extravío del EPI**, el trabajador debe informar a su superior, quien notificará a la Unidad de Prevención de Riesgos Laborales. Si el motivo es sustracción o robo, se debe adjuntar la denuncia correspondiente. La unidad mantendrá un registro de estas incidencias y procederá con la adquisición y envío del nuevo EPI.

La retirada de los EPI también se realiza de oficio cuando se alcanza la **fecha de caducidad** indicada por el fabricante o una fecha previamente establecida y comunicada al momento del suministro.

CUESTIÓN

¿Cuál es la vida útil o plazo de caducidad de un EPI?

La determinación de la vida útil de un EPI depende de múltiples factores como: la frecuencia de uso, las condiciones de trabajo o el almacenaje. Los EPI se clasifican en dos grupos principales: textiles y mecánicos, con diferencias significativas en términos de vida útil. Los textiles, como arneses de seguridad, tienen una vida útil máxima de 10 años, mientras que los mecánicos pueden tener una vida útil ilimitada, siempre que pasen las revisiones periódicas y se reparen adecuadamente. La revisión de los EPI debe ser al menos anual y ajustarse al uso que se les da.

En cualquier caso, las instrucciones del fabricante relativas al equipo deben ser seguidas escrupulosamente para garantizar que las prestaciones del EPI se mantienen a lo largo de la vida útil previsible de este. La vida útil de un equipo, o su caducidad, debe establecerse en la documentación que el fabricante debe aportar con el equipo comercializado de acuerdo con lo establecido en el anexo II.1.4 e) del Reglamento (UE) 2016/425.

A modo de ej., teniendo presente las especificaciones de las distintas normas UNE en la materia:

- *Calzado de seguridad:* la durabilidad del calzado de seguridad depende del cuidado y las condiciones de uso, sin una fecha de caducidad preestablecida. Se recomienda no usarlo más allá de 10 años desde su almacenamiento, prestando atención a su estado físico para determinar su idoneidad.

- *Guantes de protección:* los guantes de protección deben ser reemplazados cuando estén dañados. Es importante verificar si pueden ser lavados sin perder sus propiedades de protección.

- *Gafas de seguridad y pantallas faciales:* estos protectores deben ser desechados cuando estén dañados o contaminados. La eliminación debe seguir las regulaciones locales.

- *Pantallas de soldar:* se recomienda un uso máximo de 10 años desde la primera utilización. Deben ser reemplazadas si el filtro no oscurece o si están dañadas.

- *Protectores auditivos:* los protectores auditivos deben ser sustituidos después de 2 o 3 años de uso normal o ante signos de deterioro.

- *Material anticaída:* tienen una vida útil de 5 años desde el primer uso, con una recomendación de 10 años de almacenamiento desde la fecha de fabricación. Deben ser revisados anualmente.

- *Cascos:* la vida útil recomendada es de 10 años desde el primer uso, aunque se sugiere reemplazarlos cada tres años si se usan al aire libre debido a la exposición a los rayos UVA.

- *Ropa de soldadura (serraje):* debe ser inspeccionada regularmente y reemplazada si está dañada. No hay un límite de tiempo establecido, más allá de la condición del material.

- *Soluciones lavaojos:* tienen una vida útil de tres años mientras la botella permanezca cerrada. Una vez abierta, el líquido no se considera estéril y debe ser desechado.

3.
CLASIFICACIÓN DE LOS EQUIPOS DE PROTECCIÓN INDIVIDUAL (EPI)

Los equipos de protección individual pueden clasificarse, según la parte del cuerpo que protejan o según su grado de seguridad.

Resultaba singular el hecho de que las categorías en que se clasifican estos equipos no se mencionaban directamente como tal en la antigua legislación relativa a los EPI. No obstante, el nuevo Reglamento UE 2016/425 (aplicable a partir del 21 de abril de 2018) pasó a clasificar los equipos de protección en 3 categorías en función de su grado de seguridad. Del mismo modo, puede realizarse otra categorización en función de las zonas a proteger:

1. **Según la zona a proteger**, encontramos los siguientes tipos de EPI:

   – EPI para protección respiratoria: equipos de protección respiratoria (EPR).

   – EPI para protección ocular y facial.

   – EPI para protección de la cabeza.

   – EPI para la protección auditiva.

   – EPI para la protección de pies y piernas.

   – EPI para la protección del cuerpo y las manos.

   En el anexo I del Real Decreto 773/1997, de 30 de mayo figura un esquema indicativo (no exhaustivo) de los riesgos en relación con las partes del cuerpo que se pueden proteger con los equipos de protección individual.

A TENER EN CUENTA. A efectos de esta obra hemos añadido los EPI para la protección de la piel, los EPI para mejorar la visibilidad del usuario y los EPI de protección anticaídas.

---

2. **Según su grado de seguridad,** los equipos de protección individual se clasifican en Categoría I, II o II.

CUESTIÓN

Si un EPI se ha puesto en el mercado antes del 21 de abril de 2019, ¿puede seguir comercializándose?

La Directiva 89/686/CEE quedó derogada a partir del 21 de abril de 2018. No obstante, según las transitorias del Reglamento UE 2016/425, los Estados miembros no impedirán la comercialización de productos a los que se aplique la Directiva 89/686/CEE que sean conformes con ella y se hayan introducido en el mercado antes del 21 de abril de 2019 y los certificados de examen CE de tipo expedidos y las decisiones de aprobación emitidas con arreglo a la Directiva 89/686/CEE seguirán siendo válidos hasta el 21 de abril de 2023.

3.1. Según la zona a proteger

3.1.1. EPI para protección respiratoria: Equipos de Protección Respiratoria (EPR)

Los equipos de protección individual de las vías respiratorias (EPR) son aquellos que tratan de impedir que el contaminante penetre en el organismo a través de esta vía, protegiendo el sistema respiratorio del usuario de la inhalación de atmósferas peligrosas:

- Por la presencia de sustancias peligrosas (partículas, gases o vapores, agentes biológicos).
- Por deficiencia de oxígeno.

Técnicamente, se pueden clasificar en equipos dependientes e independientes del medio ambiente. Asimismo, también hacemos mención de aquellos equipos de protección frente a riesgos biológicos.

Equipos dependientes del medio ambiente

Son equipos que utilizan el aire del ambiente y lo purifican, es decir, retienen o transforman los contaminantes presentes en él para que sea respirable. Estos equipos no pueden utilizarse cuando el aire es deficiente en oxígeno, las concentraciones de contaminante son muy elevadas, se trata de sustancias altamente tóxicas o cuando existe el peligro de no detectar su mal funcionamiento (por ejemplo, un gas sin olor como el monóxido de carbono).

Presentan dos partes claramente diferenciadas: el adaptador facial y el filtro. El adaptador facial tiene la misión de crear un espacio herméticamente cerrado alrededor de las vías respiratorias, de manera que el único acceso a ellas sea a través del filtro. Existen tres tipos: la máscara, la mascarilla y la boquilla:

- **Máscara.** Cubre la boca, la nariz y los ojos. Debe utilizarse cuando el contaminante es un irritante, para evitar su efecto sobre la mucosa ocular o en cualquier caso cuando pueda penetrar a través de ella.
- **Mascarilla.** Cubre la nariz y la boca exclusivamente.
- **Boquilla.** Ofrece una conexión entre la boca y el filtro y dispone de un sistema que impide la entrada de aire no filtrado por la nariz (pinza). Su utilización se limita exclusivamente a situaciones de emergencia.

Los adaptadores deben tener, entre otras, las siguientes propiedades: máxima hermeticidad, mínima resistencia al paso del aire, máxima visibilidad en las máscaras y máximo confort de utilización.

Los filtros tienen la misión de purificar el aire y eliminar la contaminación. Se clasifican en tres clases: mecánicos, químicos y mixtos:

– **Los filtros mecánicos:** retienen el contaminante, impidiendo el paso por mecanismos físicos. Se utilizan para polvo, humo o aerosoles.

– **Los filtros químicos:** realizan su misión filtrante disponiendo en su interior de alguna sustancia química que retiene el contaminante, adsorbiéndolo, o reaccionando con él. Los filtros químicos son específicos para una sustancia o grupo de sustancias de parecidas características químicas.

– **Los filtros mixtos:** realizan combinadamente la acción de los filtros mecánicos y de los químicos.

Considerando la resistencia al paso del aire y la permeabilidad al contaminante, los filtros se clasifican en varias categorías. La resistencia al paso del aire se mide como la pérdida de carga, de manera que cuanto más pequeña es, más cómoda resulta la utilización del filtro. La permeabilidad al contaminante se denomina también penetración, que es la concentración del contaminante que es capaz de atravesar el filtro. La clasificación otorga la mejor categoría o clase a los filtros cuya pérdida de carga y penetración es menor.

Otra característica de los filtros es su «vida media», que es el tiempo que tarda un filtro en alcanzar la máxima penetración admisible para una concentración conocida. Es un valor de referencia, aunque poco útil en la práctica, donde no se suele conocer la concentración del contaminante en aire.

La mascarilla autofiltrante es un tipo especial de protector respiratorio que reúne en un solo cuerpo inseparable el adaptador facial y el filtro. No son adecuadas para la protección de gases o vapores. Debido a su bajo peso y poca pérdida de carga las hace más cómodas que las mascarillas convencionales.

Equipos independientes del medio ambiente

Estos equipos se caracterizan porque el aire que respira el usuario no es el del ambiente de trabajo y se clasifican en: semiautónomos y autónomos:

– Los equipos semiautónomos utilizan el aire de otro ambiente diferente al de trabajo, no contaminado y transportado a través de una canalización (manguera) o proveniente de recipientes a presión no portátiles. Disponen de un adaptador facial, generalmente tipo máscara, y una manguera. El aire puede ser aspirado a voluntad a través de la manguera o suministrado a presión mediante un compresor o botellas de aire comprimido. Estos equipos se utilizan en trabajos con muy altas concentraciones de contaminante o pobres en oxígeno.

– Los **equipos autónomos** son aquellos en los que el sistema de aporte de aire es transportado por el usuario. Su utilización está indicada en los casos en que el aire es irrespirable y se requiere autonomía y libertad de movimientos. El uso de estos equipos en el laboratorio no es habitual, excepto en casos muy especiales, como el trabajo en laboratorios con riesgo biológico nivel 4 o en ambientes con contaminación radioactiva importante. Sin embargo, la presencia de equipos autónomos para emergencias y operaciones de salvamento sí que suele ser habitual en el laboratorio.

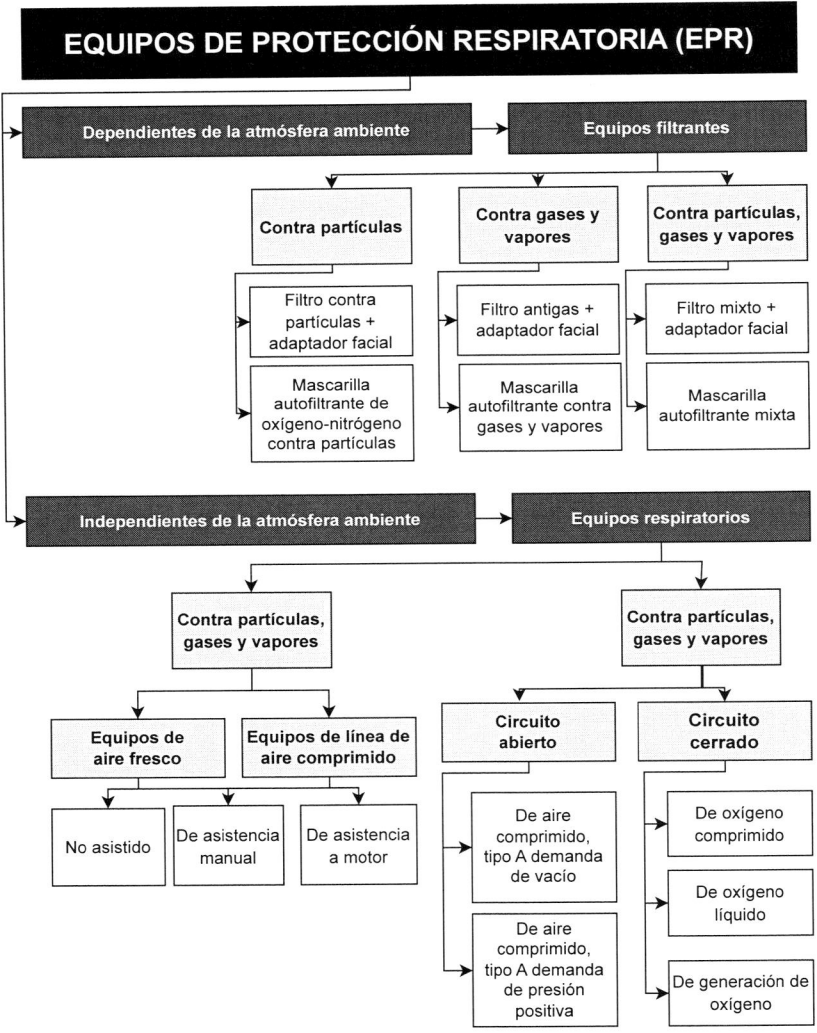

Por otro lado, hacemos mención de los **equipos de protección frente a riesgos biológicos**. Estos protegen en aquellos casos en los que exista riesgo biológico, por el cual deba establecerse un protocolo de utilización de EPI que responda a una protección efectiva frente al mismo, combinado, en su caso, con el correspondiente a mantener la asepsia (ausencia de microorganismos patógenos en una cantidad suficiente para no causar una infección) del material o muestra.

La protección respiratoria frente a la inhalación de bioaerosoles implicaría la utilización de equipos de protección respiratoria con filtros HEPA *(High Efficiency Particulate Airborne)*, capaces de retener los microrganismos y que, en consecuencia, esterilizan el aire inhalado a través de ellos. Al no existir en la UE equipos notificados de estas características, se pueden recomendar filtros tipo P3.

Asimismo, debe disponerse de protocolos de desinfección para casos de contaminación y, debe procederse con especial cuidado al utilizar los desinfectantes por ser, en general, productos peligrosos.

Criterios de elección aplicable a los EPR

De forma general, la selección —y uso— de cualquier EPI debe hacerse según lo dispuesto en el Real Decreto 773/1997, de 30 de mayo.

En el caso de los EPR, la selección deberá hacerse en el marco de un Programa de Protección Respiratoria. El programa de protección respiratoria implica una serie de requisitos. Respecto a la evaluación y control del riesgo, deben considerarse otras medidas de protección colectiva antes del uso de EPR (aislamiento, captación, sustitución de sustancias por otras menos nocivas, etcétera).

Asimismo, en la evaluación, aparte de las consideraciones generales, en el ámbito particular de la protección respiratoria, habrá una serie de factores que deberemos tener muy presentes (a modo de ejemplo):

- Deficiencia de oxígeno inferior al 19,5 %.
- Tipo contaminante del que se ha de proteger a la persona trabajadora.
- Concentraciones del contaminante (VLA-ED y VLA-EC).
- Posible situación de emergencia.
- Límite IPVS.
- Propiedades fisicoquímicas relevantes en la prevención del riesgo químico (color, olor).
- Tiempo de uso.
- Otros riesgos: proyección partículas, espacios confinados, salpicaduras, chispas, riesgo de incendio o explosión, etcétera.

Atendiendo a la información aportada por el Ministerio de Industria, Comercio y Turismo, las principales **normas técnicas de referencia para Equipos de Protección Individual (EPI) y Productos Sanitarios (PS), con base en la legislación europea de producto (marcado CE):**

1. **Mascarillas filtrantes de protección contra partículas (FFP1, 2 y 3) (mascarillas autofiltrantes):** UNE-EN 149:2001+A1:2010. Dispositivos de protección respiratoria. Medias máscaras filtrantes de protección contra partículas. Requisitos, ensayos, marcado.

> **A TENER EN CUENTA.** En la anterior norma se hace referencia a otras normas de apoyo como, por ejemplo, normas con definiciones y normas de ensayo: EN 132, EN 134, EN 143, EN 13274-7, ISO 6941.

2. **Medias máscaras y máscaras completas con filtros de partículas (P1, 2 y 3):**
   - UNE-EN 140:1999. Equipos de protección respiratoria. Medias máscaras y cuartos de máscara. Requisitos, ensayos, marcado.
   - UNE-EN 140/AC:2000. Equipos de protección respiratoria. Medias máscaras y cuartos de máscara. Requisitos, ensayos, marcado.
   - UNE-EN 136/AC:2004. Equipos de protección respiratoria. Máscaras completas. Requisitos, ensayos, marcado.
   - UNE-EN 136:1998. Equipos de protección respiratoria. Máscaras completas. Requisitos, ensayos, marcado.
   - UNE-EN 143:2022. Equipos de protección respiratoria. Filtros contra partículas. Requisitos, ensayos, marcado.
   - UNE-EN 405:2002+A1:2010. Equipos de protección respiratoria. Medias máscaras filtrantes con válvulas para la protección contra gases o contra gases y partículas. Requisitos, ensayos, marcado.

3. **Mascarillas quirúrgicas:**
   - UNE-EN 14683:2019+AC:2019. Mascarillas quirúrgicas. Requisitos y métodos de ensayo.

4. **Otras normas de equipos de protección respiratoria:**
   - UNE-EN 137:2007. Equipos de protección respiratoria. Equipos de respiración autónomos de circuito abierto de aire comprimido con máscara completa. Requisitos, ensayos, marcado.
   - UNE-EN 142:2002. Equipos de protección respiratoria. Conjuntos de boquillas. Requisitos, ensayos, marcado.
   - UNE-EN 145/A1:2001. Equipos de protección respiratoria. Equipos de protección respiratoria autónomos de circuito cerrado de oxígeno comprimido o de oxígeno-nitrógeno comprimido. Requisitos, ensayos, marcado.
   - UNE-EN 145:1998. Equipos de protección respiratoria. Equipos de protección respiratoria autónomos de circuito cerrado de oxígeno comprimido o de oxígeno-nitrógeno comprimido. Requisitos, ensayos, marcado.

5. **Filtros para equipo de protección respiratoria:**
   - UNE-EN 143:2022. Equipos de protección respiratoria. Filtros contra partículas. Requisitos, ensayos, marcado.
   - UNE-EN 14387:2022. Equipos de protección respiratoria. Filtros para gases y filtros combinados. Requisitos, ensayos, marcado.

– UNE-EN 12942:2023 (Ratificada). Equipos de protección respiratoria. Equipos filtrantes de ventilación asistida provistos de máscaras o mascarillas. Requisitos, ensayos, marcado. (Ratificada en abril de 2024).

CUESTIÓN

¿Qué normas establecen especificaciones para los filtros?

A modo no exhaustivo:

– Norma UNE-EN 136:1998 define los requisitos mínimos para la fabricación y el uso de las máscaras completas.

– Norma UNE-EN 136 define los requisitos mínimos para la fabricación y el uso de las máscaras completas.

– Norma UNE-EN 140 especifica los requisitos mínimos para medias máscaras y cuartos de máscara.

– Norma UNE-EN 14387 recoge (según su capacidad) las especificaciones de los filtros contra gases y filtros combinados que se usan como componentes de equipos de protección respiratoria no asistidos.

– Norma UNE-EN 143:2022 establece las especificaciones de los filtros contra partículas.

– Norma UNE-EN 149:2001+A1:2010, recoge los requisitos mínimos que deben cumplir las mascarillas autofiltrantes contra partículas.

Criterios de uso y recomendaciones aplicable a los EPR

Deberá prestarse especial atención al ajuste. Como es obvio, resulta trascendental para una correcta utilización que asegure la eficacia del equipo el ajuste de máscaras y mascarillas a la cara del usuario, por lo que será necesario atender a factores como la presencia de vello facial, cicatrices, etcétera, que pueden afectar a la hermeticidad.

En caso de utilizar varios equipos de protección al mismo tiempo (por ejemplo, media máscara y gafas), se debe garantizar la compatibilidad entre ellos.

Del mismo modo, el EPR seleccionado deberá ser adecuado para el tipo y nivel de riesgo evaluado, para lo que tendremos en cuenta un parámetro específico del ámbito de la protección respiratoria: **el Factor de Protección Nominal (FPN)**, como orientación sobre el nivel de protección de un EPR. Es un valor que se encuentra registrado en tablas y que se obtiene a partir de los datos obtenidos en los ensayos a los que se someten los EPR en el laboratorio. El uso del factor de protección nominal para la selección de los equipos de protección respiratoria debe hacerse con precaución y deberían utilizarse solo para comparar distintos tipos de equipos [Reglamento (UE) 2016/425 y art. 5.3 del Real Decreto 773/1997, de 30 de mayo].

El FPN mínimo que ha de tener un EPR frente a un contaminante se calcula con la fórmula:

Protección mínima = Concentración del contaminante ambiental / Concentración dentro pieza facial

La concentración en el interior de la pieza facial deberá ser como máximo el Valor Límite Ambiental (VLA) correspondiente al contaminante.

De entre los ejemplos de **EPI más utilizados**, destacan los siguientes:

- Mascarillas autofiltrantes para partículas.
- Mascarillas autofiltrantes para gases y vapores.
- Mascarillas.
- Filtros contra gases y filtros mixtos.
- Filtros contra partículas.
- Filtros especiales AX para gases y filtros combinados contra compuestos orgánicos de bajo punto de ebullición.
- Filtros especiales SX contra compuestos nombrados específicamente de bajo punto de ebullición.
- Máscaras.

DOCUMENTACIÓN DE INTERÉS

- Guía técnica para la utilización por los trabajadores de equipos de protección individual. INSST. Año 2022.
- Apéndice 6 de la Guía Técnica del INSST relativa a la exposición a riesgos biológicos. INSST. Año 2014.
- Apéndice 9 de la Guía técnica para la evaluación y prevención de los riesgos relacionados con agentes químicos. INSST. Año 2022.
- Apéndice 5 de la Guía técnica para la evaluación y prevención de los riesgos relacionados con la exposición al amianto. INSST. Año 2022.
- Normas técnicas Protección Respiratoria. INSST. Diciembre 2023.
- NTP 787: Equipos de protección respiratoria: identificación de los filtros según sus tipos y clase. INSST. Año 2008.
- NTP 938: Guantes de protección contra microorganismos. INSST. Año 2012.
- NTP 772: Ropa de protección contra agentes biológicos INSST. Año 2007.
- NTP 813: Calzado para protección individual: Especificaciones, clasificación y marcado. INSST. Año 2008.
- FDN (Fichas de Divulgación Normativa): Selección y uso de los Equipos de Protección Individual. INSST. Año 2010.
- NTP 517: Prevención del riesgo en el laboratorio. Utilización de equipos de protección individual (I): aspectos generales. INSST. Año: 1999.
- NTP 518: Prevención del riesgo en el laboratorio. Utilización de equipos protección individual (II). INSST. Año: 1999.
- NTP 571: Exposición a agentes biológicos: equipos de protección individual. INSST. Año: 2000.

3.1.2. EPI de protección ocular y facial

Los equipos destinados a la protección de la cara y los ojos permiten protegerse frente a los riesgos causados por proyecciones de partículas sólidas, proyecciones de líquidos (corrosivos, irritantes) y exposición a radiaciones ópticas (infrarrojo, ultravioleta, láser). Se pueden clasificar en dos grandes grupos: pantallas y gafas.

Las gafas de protección y pantallas faciales son EPI y, como tales, deben cumplir con el Real Decreto 773/1997, de 30 de mayo y Reglamento (UE) 2016/425 del Parlamento Europeo y del Consejo de 9 de marzo de 2016 y tener marcado CE.

Pantallas de protección

Las pantallas cubren la cara del usuario, no solamente los ojos. Aunque existen, en orden a sus características intrínsecas, dos tipos de pantallas, faciales y de soldadores, podemos encontrar distintos tipos de equipos de protección facial según su tipo de montura (soldadura o textil, por ejemplo), el sistema de sujeción (a la mano, por arnés, en el casco, en el dispositivo respiratorio) o según su material (plástico, malla de alambre, malla textil, etcétera).

Los tipos de pantallas de protección son («Guía orientativa para la selección y utilización de protectores oculares y faciales. INSST. Año 2002»):

- **Pantalla facial:** cubre la totalidad o una parte del rostro, por lo que protege de ojos de proyecciones de partículas que pueden ocasionar lesiones oculares, salpicaduras de metales, etc.

- **Pantalla de mano:** pantallas faciales que se sostienen con la mano.

- **Pantalla facial integral:** protectores de ojos que cubren cara, garganta y cuello, pudiendo ser llevados sobre la cabeza mediante un arnés de cabeza o casco protector.

- **Pantalla facial montada:** este término se utiliza al considerar que los protectores de los ojos con protección facial pueden ser llevados directamente sobre la cabeza mediante un arnés de cabeza, o conjuntamente con un casco de protección.

La elección correcta de una pantalla de protección es crucial para garantizar la seguridad del usuario frente a los riesgos específicos de su entorno laboral. Esta selección debe basarse en una evaluación detallada de los riesgos presentes, considerando tanto el tipo de pantalla como sus características específicas de montura y visor.

Gafas

Las gafas tienen el objetivo de proteger los ojos del trabajador. Para que resulten eficaces, requieren combinar junto con unos oculares de resistencia adecuada, un diseño o montura o bien unos elementos adicionales adaptables a ella, con el fin de proteger el ojo en cualquier dirección. Se utilizan oculares filtrantes en todas aquellas operaciones en las que haya riesgo de exposición a radiaciones ópticas como ultravioleta, infrarrojo o láser.

Las gafas, desde el punto de vista del diseño o de las características de su montura, se pueden agrupar en los siguientes tipos:

- **Gafas tipo universal.** Pueden ir provistas, aunque no necesariamente, de protección adicional.

– **Gafas tipo copa o cazoleta.** Encierran cada ojo aisladamente. Están constituidas por dos piezas, integrando el aro portaocular y la protección lateral. También puede ser adaptables al rostro con un único ocular.

– **Gafas de montura integral.** La protección adicional está incluida en la misma montura. Pueden ser utilizadas junto con gafas graduadas.

– **Gafas de montura suplemento.** Tienen un diseño limitado solamente al frente de la montura con una sujeción, tipo bisagra o enganche, a otra gafa. Pueden encontrarse en forma de «montura doble» en gafas de montura universal y de montura integral.

En determinados casos, en que vayan a ser utilizadas de forma continuada por una persona que necesita gafas graduadas, pueden confeccionarse gafas de seguridad graduadas. Téngase en cuenta que la obligación de llevar gafas de modo permanente es bastante habitual en los laboratorios.

Protectores de ojos, cara y cabeza contra los efectos del arco eléctrico

Recientemente se ha publicado la EN IEC 62819:2023, estableciendo los requisitos de diseño, fabricación y ensayo de estos protectores frente los riesgos térmicos, ópticos y mecánicos de un arco eléctrico.

Esta norma se aplica a los protectores de ojos, cara y cabeza, entre los que se encuentran las capuchas, pasamontañas, gafas de montura integral, pantallas faciales y visores, cascos, así como componentes que proporcionen cobertura adicional, como protectores de barbilla o de cuello.

Los principales requisitos para la protección frente a los efectos del arco eléctrico son:

Característica de arco mínima	ATPV: 4 cal/cm2 EBT: 4 cal/cm2 ELIM: 3,2 cal/cm2	Si un protector consta de una combinación de dispositivos, su protección térmica será el valor más bajo de clases de los dispositivos utilizados.
Clases de protección de arco	Clase 1 (mínimo) Clase 2	
Requisitos adicionales para cascos	Sin llamas visibles dentro del casco. Sin material fundido o escombros quemados que lleguen al interior del casco.	
Protector ocular/ facial	Se establece un área mínima de cobertura en función de si se combinan o no con pasamontañas o capucha. Resistencia a la radiación UV y al impacto a alta velocidad.	
Componentes textiles	Cumplir con norma armonizada UNE-EN 61482-2:2021.	

Fuente: Folleto: Equipos de Protección Individual para los ojos, cara y cabeza frente al riesgo eléctrico. INSST. Año 2023.

CUESTIÓN

¿Qué tipo de riesgos oculares podemos encontrar?

A modo de ejemplo:

- Riesgos mecánicos como proyección de partículas, polvo de partículas en el aire o proyección de agua a alta presión.
- Riesgos químicos en forma de salpicaduras, insecticidas, vapores o gases.
- Riesgos físicos como la exposición a radiaciones ópticas procedentes de soldadura y técnicas afines.

Gafas de protección frente a la radiación solar

La exposición a la radiación solar, especialmente a la radiación ultravioleta (UV), es un riesgo laboral significativo para una parte considerable de la población trabajadora. Para mitigar estos riesgos, es esencial el uso de gafas de protección solar adecuada.

Las gafas de sol, consideradas EPI según el Reglamento (UE) n.º 2016/425, deben cumplir con requisitos específicos, incluido el marcado CE, para garantizar su eficacia protectora. La selección adecuada de gafas de sol requiere un conocimiento detallado de las condiciones de trabajo y debe reflejarse en una evaluación de riesgos, considerando aspectos como el tipo de ocular, la clase de protección, y las restricciones de uso.

Los tipos de oculares y sus propiedades pueden resumirse en:

- **Oculares solares fotocrómicos:** varían su transmisión de luz visible en respuesta a la radiación solar, la temperatura, y otros factores. No oscurecen detrás de parabrisas que filtran UV.

- **Oculares solares polarizados:** eliminan reflejos de superficies horizontales, reduciendo el deslumbramiento. Pueden interferir con la visión de pantallas de dispositivos electrónicos.

- **Oculares solares degradados:** con un tono que se aclara gradualmente de arriba abajo, son ideales para interiores y condiciones de baja luz solar, aunque menos efectivos contra reflejos de superficies horizontales.

CUESTIÓN

¿Qué requisitos de protección frente a la radiación solar deben cumplir los oculares solares? ¿las gafas de sol de uso común cumplirían los mismos estándares?

Siempre siguiendo las recomendaciones de la evaluación de riesgos, los oculares solares para uso laboral deben cumplir los parámetros necesarios según la exposición de: absorción de la radiación visible (VIS), protección del ojo en la región espectral de ultravioleta (UV) y, en algunos casos, en la del infrarrojo (IR). Actualmente no existen grandes diferencias en las especificaciones técnicas entre las gafas de sol de uso laboral y las de uso general. El «Folleto: Trabaja mirando por tus ojos. Gafas de protección frente a la radiación solar. INSST. Año 2019» establece las correlaciones entre ambas siguiendo dos normas UNE:

- UNE-EN 172/A1:2000. Protección individual del ojo. Filtros de protección solar para uso laboral.

– UNE-EN ISO 12312-1:2022. Protección de los ojos y la cara. Gafas de sol y equipos asociados. Parte 1: Gafas de sol para uso general (ISO 12312-1:2022).

Exposición ocular a productos químicos

Múltiples personas trabajadoras están expuestas a sustancias químicas que pueden poner en riesgo los ojos. Nuevamente corresponderá a la evaluación de riesgos definir los equipos de protección ocular y facial frente al riesgo químico teniendo en cuenta el producto que se utiliza, las características de la tarea y las peculiaridades de la persona trabajadora.

En este caso será básico consultar la descripción general de los riesgos físico-químicos, ambientales y de salud de la sustancia que se maneja (conocida como frase R) para el contacto con los ojos en la ficha de datos de seguridad (FDS), así como la información sobre los riesgos especiales que pueden surgir durante el manejo de sustancias o formulaciones peligrosas y asegurar un manejo seguro de las sustancias.

La **norma «UNE-EN 166:2002. Protección individual de los ojos. Especificaciones»** define los requisitos básicos que deben cumplir los protectores oculares, en lo relativo al campo visual, requisitos ópticos, solidez, resistencia al envejecimiento, corrosión e ignición, encontrando distintos grados de hermeticidad del protector para la región ocular. Con carácter general, la gafa dentro del campo de uso 5, permite una protección frente a gases, polvo fino y grueso y gotas de líquidos. La protección que ofrece una pantalla facial se evalúa en función de su zona de cobertura. (Apéndice 4 de la Guía Técnica para la utilización por los trabajadores de equipos de protección individual. INSST. Año 2022 y folleto Riesgo químico en la PYME: Protección ocular y facial).

Criterios de elección y uso de los EPI de protección ocular y facial

Las exigencias mínimas relativas a la elección y utilización de este tipo de EPI se fijan en la Directiva 89/656/CEE de 30 de noviembre, transpuesta por el Real Decreto 773/1997, de 30 de mayo.

Para la selección de este tipo de EPI hemos de hacer uso de aquellos epígrafes, tablas, etc. existentes en las normas UNE EN, directamente relacionados con la selección y uso de los EPI de ojos y cara para protección en el trabajo. En todo proceso de elección se requiere:

– Evaluar los riesgos residuales que no hayan podido ser eliminados en su origen o no hayan podido evitarse con medios de protección colectiva (art. 17.2 de la LPRL).

– Definir la zona anatómica que requiere ser protegida, para optar por el uso de protectores oculares o faciales.

– Considerar el nivel de protección necesario para decidir el grado de protección exigible a los oculares.

– Tener en cuenta la necesidad de corrección óptica del usuario y así eliminar los diseños de gafas que no permitan su uso simultáneo.

– Prestar atención a las condiciones del entorno que puedan influir en la eficacia del EPI (humedad, temperatura, suciedad, etcétera), para prever la demanda de prestaciones adicionales.

– Obtener información de los EPI existentes en el mercado con certificación CE.

– Contrastar las características teóricamente requeridas con las prestaciones ofrecidas por los suministradores en los folletos de instrucciones para el usuario.

La FDN del INSST «Selección de pantallas faciales y gafas de protección» se centra en dos definiciones para selección y uso de los EPI de ojos y cara:

a) **Clase de protección de un ocular filtrante:** las características de transmitancia de un filtro están representadas por la llamada «clase de protección» filtrante. Esta es una identificación que obligatoriamente debe ir marcada en cada filtro y consiste en la combinación de dos elementos, el primero denominado «código» que identifica al tipo de radiaciones frente a las que protege y el segundo un número correspondiente al «grado de protección» (N) del filtro o nivel de protección ofrecido en cada tipo de radiaciones, separados por un guión.

La clase de protección de los filtros de soldadura no incluye el número de código, sino tan solo el que indica su grado de protección.

En un mismo ocular filtrante, dependiendo de sus características, pueden aparecer más de un «grado de protección».

b) **Grado de protección filtrante:** dependiendo de si la fuente radiante emite en una banda ancha (soldadura, ultravioleta, infrarroja, solar) o en una banda muy estrecha (láser) la expresión empleada para determinar el valor de N es diferente. En el primer caso es una función matemática que depende tan solo de una variable: la transmisión media en la banda visible (380 nm a 780 nm) del espectro radiante medida en el filtro en cuestión. Corresponde a la expresión:

$$N = 1 + 7/3 \log 100/\tau_{vis}$$

En el caso de filtros contra la radiación láser su grado de protección sólo depende del valor de la transmisión espectral del filtro en la longitud de onda a la que emite el láser frente al cual ofrece protección:

$$N = \log (1/\tau_\lambda)$$

Siguiendo la designación de los diferentes tipos de filtros especificados en las normas europeas:

Grados de protección	Tipos de radiaciones						
	Soldadura	Ultravioleta	Infrarrojo	Solar		Protección láser	Ajuste láser
1						L-1	R -1
1,1				5-1,1	6 -1,1		
1,2	1,2	2-1,2	4-1,2				
1,4	1,4	2-1,4	4-1,4	5-1,4	6-1,4		
1,7	1,7	2-1,7	4-1,7	5-1,7	6-1,7		
2	2	2-2	4-2	5-2	6-2	L-2	R-2
2,5	2,5	2-2,5	4-2,5	5-2,5	6-2,5		
3	3	2-3	4-3			L-3	R-3
3,1				5-3,1	6-3,1		
4	4	2-4	4-4			L-4	R-4
4,1				5-4,1	6-4,1		
5	5	2-5	4-5			L-5	R-5
6	6		4-6			L-6	
7	7		4-7			L-7	
8	8		4-8			L-8	
9	9		4-9			L-9	
10	10		4-10			L-10	
11	11						
12	12						
(...)	(...)						

Fuente: FND. Selección de pantallas faciales y gafas de protección. INSST. Año 2009.

La **norma UNE EN 166. «Protección individual de los ojos. Especificaciones»** recoge los modelos de EPI cuyo uso es aconsejable según el riesgo presente en el puesto de trabajo. Cuando exista más de un riesgo, será necesario optar por el modelo válido para todos los riesgos simultáneamente.

Siguiendo las recomendaciones del Comité Europeo de Normalización, podemos realizar una propuesta de selección del tipo de protector en función de los riesgos existentes:

Uso	Nivel de riesgo	Gafa de montura universal	Gafa de montura integral, de cazoletas o adaptable al rostro	Pantalla facial
General, básico	Leve	Uso válido	Uso válido	Uso válido
Impactos	Baja energía	Uso válido	Uso válido	Uso válido
	Media energía	Uso no válido	Uso válido	Uso válido
	Alta energía	Uso no válido	Uso no válido	Uso válido
Proyección de líquidos	Gotas	Uso no válido	Uso válido	Uso no válido
	Salpicaduras	Uso no válido	Uso no válido	Uso válido
Atmósferas contaminadas	Polvo grueso	Uso no válido	Uso válido	Uso no válido
	Gas o polvo fino	Uso no válido	Uso válido	Uso no válido
Arco de cortocircuito	Sin especificar	Uso no válido	Uso no válido	Uso válido
Metal fundido	Sin especificar	Uso no válido	Uso válido	Uso válido
Radiaciones	Sin especificar	Uso válido	Uso válido	Uso válido

Fuente: EPI. Aspectos generales sobre su comercialización, selección y utilización. Capítulo 2. Protección de ojos y cara contra riesgos mecánicos y radiaciones no ionizantes. INSST. Año 2008.

DOCUMENTACIÓN DE INTERÉS

– Folleto: Equipos de Protección Individual para los ojos, cara y cabeza frente al riesgo eléctrico. INSST. Año 2023.

– Guía técnica para la evaluación y prevención de los riesgos relacionados con la protección frente al riesgo eléctrico. INSST. Año 2020.

– Guía técnica para la evaluación y prevención de los riesgos para la utilización por los trabajadores en el trabajo de equipos de protección individual. INSST. Año 2022.

– Guía orientativa para la selección y utilización de protectores oculares y faciales. INSST. Año 2002.

– Calculador y App: Factor Filtro Ocular (FPFO). INSST. Año 2020.

– Capítulo 2. Aspectos generales sobre su comercialización, selección y utilización de Equipos de protección individual (EPI) del INSST. Protección de ojos y cara contra riesgos mecánicos y radiaciones no ionizantes. Año 2009.

- UNE-EN ISO 4007:2018. Equipo de protección personal. Protección del rostro y los ojos. Vocabulario (ISO 4007:2018). (Ratificada por la Asociación Española de Normalización en febrero de 2019).

- UNE-EN 166:2002. Protección individual de los ojos. Especificaciones.

- UNE-EN ISO 18526-1:2020 a UNE-EN ISO 18526-4:2020. Protección de los ojos y la cara. Métodos de ensayo. (Parte 1 a 4).

- UNE-EN ISO 18526-1:2020. Protección de los ojos y la cara. Métodos de ensayo. Parte 1: Propiedades ópticas geométricas (ISO 18526-1:2020).

- UNE-EN ISO 16321-1:2022. Protección ocular y facial para uso en el trabajo. Parte 1: Requisitos generales (ISO 16321-1:2021)

- UNE-EN ISO 18526-2:2020. Protección de los ojos y la cara. Métodos de ensayo. Parte 2: Propiedades ópticas físicas (ISO 18526-2:2020). (Ratificada por la Asociación Española de Normalización en mayo de 2020).

- UNE-EN ISO 18526-3:2020. Protección de los ojos y la cara. Métodos de ensayo. Parte 3: Propiedades físicas y mecánicas (ISO 18526-3:2020). (Ratificad
- UNE-EN 170:2003 Protección individual de los ojos). Filtros para el ultravioleta. Especificaciones del coeficiente de transmisión (transmitancia) y uso recomendado.

- UNE-EN ISO 18526-4:2020. Protección de los ojos y la cara. Métodos de ensayo. Parte 4: Cabezas de ensayo (ISO 18526-4:2020). (Ratificada por la Asociación Española de Normalización en mayo de 2020).

- UNE-EN 208:2010. Protección individual de los ojos. Gafas de protección para los trabajos de ajuste de láser y sistemas de láser (gafas de ajuste láser).

- UNE-EN 379:2004+A1:2010. Protección individual de los ojos. Filtros automáticos para soldadura.

- UNE-EN ISO 16321-3:2022. Protección ocular y facial para uso ocupacional. Parte 3: Requisitos adicionales para los protectores de malla (ISO 16321-3:2021).

- UNE-EN ISO 12312-1:2022. Protección de los ojos y la cara. Gafas de sol y equipos asociados. Parte 1: Gafas de sol para uso general (ISO 12312-1:2022).

- UNE-EN 14458:2018. Equipo de protección individual de los ojos. Viseras de alto rendimiento destinados sólo para uso con cascos protectores.

- UNE-EN ISO 8980-1:2018. Óptica oftálmica. Lentes terminadas sin biselar para gafas. Parte 1: Especificaciones para lentes monofocales y multifocales. (ISO 8980-1:2017).

- UNE-EN ISO 8980-2:2018. Óptica oftálmica. Lentes terminadas sin biselar para gafas. Parte 2: Especificaciones para lentes con variación de potencia. (ISO 8980-2:2017).

- UNE-EN ISO 8980-3:2023. Óptica oftálmica. Lentes terminadas sin biselar para gafas. Parte 3: Especificaciones de transmitancia y métodos de ensayo. (ISO 8980-3:2022).

- UNE-EN ISO 8624:2021. Óptica oftálmica. Monturas de gafas. Sistema de medida y vocabulario. (ISO 8624:2020).

- UNE-EN 172/A1:2000. Protección individual del ojo. Filtros de protección solar para uso laboral.

- UNE-EN ISO 12312-1:2022. Protección de los ojos y la cara. Gafas de sol y equipos asociados. Parte 1: Gafas de sol para uso general (ISO 12312-1:2022).

– UNE-EN 171:2002. Protección individual de los ojos. Filtros para el infrarrojo. Especificaciones del coeficiente de transmisión (transmitancia) y uso recomendado.

– UNE-EN 169:2003. Protección individual de los ojos. Filtros para soldadura y técnicas relacionadas. Especificaciones del coeficiente de transmisión (transmitancia) y uso recomendado.

– UNE-EN 60825-1:2015/AC:2017-06. Seguridad de los productos láser. Parte 1: Clasificación de los equipos y requisitos.

– UNE-EN IEC 61482-1-1:2020. Trabajos en tensión. Ropa de protección contra el riesgo térmico de un arco eléctrico. Parte 1-1: Métodos de ensayo. Método 1: Determinación de la característica del arco (ELIM, ATPV y/o EBT) de materiales y prendas de vestir y de protección mediante un arco abierto.

– RFUS03-024. Protección ocular y facial frente al arco eléctrico (https://www.ppe-rfu.eu).

3.1.3. EPI para la protección de la cabeza

Cascos de seguridad y gorras de protección antigolpes

Los cascos de protección o gorras antigolpes son EPI previstos, fundamentalmente, para proporcionar protección al usuario contra objetos que pudieran caer y las lesiones del cerebro y fracturas de cráneo consiguientes. También puede proteger frente a otros riesgos de naturaleza mecánica, térmica o eléctrica.

Los cascos de protección para la industria se regulan bajo la norma «**UNE-EN 397:2012+A1:2012. Cascos de protección para la industria**» pudiendo diferenciarse entre el uso industrial general frente a otros modelos con aplicaciones específicas:

‖ **Cascos de uso industrial general**

La finalidad de los cascos es la siguiente:

1. Cascos de protección o de seguridad (su uso es el más extendido):

    «Los cascos de protección para la industria están previstos, fundamentalmente, para proporcionar protección al usuario contra objetos que pudieran caer y las lesiones del cerebro y fracturas de cráneo consiguientes». (UNE-EN 397:2012+A1:2012. Cascos de protección para la industria).

2. Cascos contra golpes para la industria o gorras antigolpes:

    «Los cascos de protección contra choques están destinados a proteger al usuario de los mismos de los efectos de golpes de su cabeza contra objetos duros e inmóviles, lo suficientemente fuertes como para provocar laceraciones u otras lesiones superficiales. Este casco no protege contra los efectos derivados de la caída o proyección de objetos ni de cargas suspendidas o en movimiento. No debería utilizarse como sustituto de un

casco de seguridad para la industria, especificado en la norma EN 397»
(Norma UNE-EN 812:2012. Cascos contra golpes para la industria).

3. Cascos de altas prestaciones para la industria:

«Los cascos de altas prestaciones para la industria, tal y como se especifican en esta norma europea, están destinados a proporcionar al usuario una protección contra la caída de objetos y los impactos fuera de la cima, así como contra las lesiones cerebrales, las fracturas del cráneo y las lesiones del cuello que resulten de ellos. Este casco debe ponerse con un barbuquejo si lleva el marcado KS» (Norma UNE-EN 14052:2012+A1:2012. Cascos de protección de alto rendimiento para la industria).

|| Cascos para aplicaciones especiales

Se prevén los siguientes usos específicos del casco:

1. **Cascos para la lucha contra el fuego en los edificios y otras estructuras**. Como sería el caso de los cascos utilizados por los bomberos (Norma UNE-EN 443:2009. Cascos para la lucha contra el fuego en los edificios y otras estructuras; UNE-EN 16471-2014. Cascos para bomberos. Cascos para lucha contra el fuego en espacios abiertos; UNE-EN 16473-2014. Cascos para bomberos. Cascos para rescate técnico).

2. **Cascos frente al choque eléctrico:**

   a) **Eléctricamente aislantes:**

      » Cascos de protección para la industria. Aislamiento eléctrico contra contacto accidental de corta duración con un conductor eléctrico a una tensión de hasta 440 V c.a.: UNE-EN. 397:2012+A1:2012.

      » Cascos eléctricamente aislantes para su utilización en instalaciones de baja tensión: UNE-EN 50365:2003.

      » Cascos para la lucha contra el fuego en los edificios y otras estructuras: UNE-EN 443:2009.

      » Cascos contra golpes para la industria: UNE-EN 812:2012.

      » Cascos de protección de alto rendimiento para la duración con un conductor eléctrico a una tensión de industria. UNE-EN 14052:2012+A1:2012.

      » Cascos para rescate técnico. UNE-EN 16473:2014.

   b) **Conductores**: casco conductor para trabajos en tensión. UNE-EN-IEC 60895:2020.

Criterios de elección del EPI para protección de la cabeza

Como para cualquier análisis preventivo, en primer lugar, será necesario identificar y evaluar los riesgos que motiven el uso de un equipo de protección individual, teniendo en cuenta la parte del cuerpo a proteger, la naturaleza y magnitud de la exposición y habiendo intentado establecer medidas de protección colectiva o modificaciones en los métodos o procedimientos de organización del trabajo (art. 4 del Real Decreto 773/1997, de 30 de mayo).

Los criterios que servirán de base para la elección de un casco de protección abarcan dos aspectos fundamentales:

- Existencia de cascos con prestaciones adecuadas a los riesgos que hayan de afrontar (proceso de apreciación).
- Elección propiamente dicha (elección de los modelos).

Una vez que se tenga información de los cascos que técnicamente pueden utilizarse en el puesto de trabajo, se procederá a la elección de una determinada marca y modelo. En este punto, debe contarse con la participación del usuario, puesto que sus propias características individuales pueden hacer aconsejable o no una determinada elección. En cualquier caso, se tendrán presentes algunas consideraciones:

- Adaptación correcta del casco sobre la cabeza, de forma que no se desprenda fácilmente al agacharse o al mínimo movimiento.
- Fijación adecuada del arnés a la cabeza, de manera que no se produzcan molestias por irregularidades o aristas vivas.
- Los cascos deberán pesar lo menos posible.
- Debe evitarse barboquejo (cinta o correa de sujeción), puesto que podría ser una fuente adicional de riesgo.
- En puestos sometidos a radiaciones relativamente intensas (sol) los cascos deberán ser de policarbonato o ABS (acrilonitrilo butadieno-estireno) para evitar su envejecimiento prematuro, y de colores claros, preferiblemente blancos para que absorban la mínima energía posible.
- No deben utilizarse cascos con salientes en el interior, ya que pueden provocar lesiones graves en caso de golpe. Deberán estar provistos de un relleno protector lateral no inflamable y resistente al calor.

El casco de protección, como equipo de protección individual que es, debe utilizarse cuando los riesgos presentes en el lugar de trabajo no se evitan con medios de protección colectiva técnicos o bien por medidas, métodos o procedimientos de organización del trabajo (principio de utilización).

El empresario, sin perjuicio de su responsabilidad, implicará a los trabajadores y a sus representantes en la empresa o establecimiento, en la elaboración y/o aplicación del proceso de apreciación, elección de los modelos y principio de utilización.

El análisis de los riesgos no responde a criterios estándar y debe ser realizado por el empresario teniendo en cuenta el origen y forma de los riesgos (caídas de objetos, choques, contacto con elementos en tensión, condiciones de frío o calor, contacto con llamas, etcétera).

Igualmente deben especificarse datos relativos a la tensión eléctrica, temperatura, humedad, esfuerzos soportados en choques, tiempo de contacto con llamas y cualesquiera otros que ayuden a completar el análisis.

Una vez analizados los riesgos, el empresario procederá a definir las prestaciones que habrán de tener los cascos de protección para responder eficazmente a los riesgos presentes en el lugar de trabajo. Para ello, tendrá en cuenta una serie de factores que son propios al origen y forma de los riesgos valorados.

A modo de ejemplo, y de manera no exhaustiva, se indican algunos de estos factores:

– Capacidad de amortiguación de los choques.

– Resistencia al impacto en caída libre.

– Resistencia a las proyecciones de objetos a velocidad.

– Grado de aislamiento eléctrico.

– Resistencia a la perforación.

– Mantenimiento de las funciones de protección a bajas y altas temperaturas.

– Resistencia a la llama.

La cuantificación de los riesgos implica la determinación de las prestaciones de los cascos para que éstos sean adecuados a los riesgos de los que haya que protegerse.

A TENER EN CUENTA. La Guía orientativa para la selección y utilización de cascos de seguridad del INSST puede resultar de utilidad para formular criterios en la elección, uso y mantenimiento de los cascos de protección para utilizados por los trabajadores frente a los riesgos de choques, golpes y caídas o proyección de objetos y permite conocer los distintos componentes, marcados y riesgos para los que tienen que proteger. La «NTP 1179. Protectores de la cabeza: Cascos forestales y de rescate técnico. INSST. Año 2023» también detalla los riesgos y factores de riesgo más frecuentes para los que es necesario el uso de protección de la cabeza durante la realización de los trabajos para la lucha contra el fuego en espacios abiertos y en actividades de rescate técnico.

Criterios de uso y recomendaciones de los EPI de protección de la cabeza

Los cascos deben ser útiles, duraderos y resistentes en caso de numerosas acciones o influencias. Los criterios de uso a tener en cuenta, después de una correcta elección del casco de protección, son los siguientes:

– Buena utilización:

  • Cada equipo se limpiará y desinfectará según las instrucciones de fabricante.

  • En caso de materiales adheridos al casco (yeso, cemento, cola, etcétera) se pueden eliminar por medio de disolvente, agua caliente, un cepillo de cerda dura, etcétera.

  • En caso de no utilización su almacenamiento ha de cumplir los requisitos del fabricante.

- La lista de control de los EPI reflejará cualquier incidencia.

– Tiempo de uso:

  - El fabricante indicará la vida útil en la ficha técnica del producto. Con carácter general, para los cascos de polietileno, polipropileno o ABS deberán sustituirse al menos una vez cada tres años.

  - El casco debe desecharse si muestra signos externos de deterioro (decoloración, agrietas, etcétera).

  - Influencia de agentes externos. La mayoría de los cascos son de plástico, por lo que determinadas acciones químicas, situaciones de calor o frío, radiaciones solares, acciones mecánicas, etcétera, pueden acelerar la reducción de la función protectora.

El usuario deberá conocer las limitaciones del casco que va a llevar, los riesgos presentes en el lugar de trabajo y las consideraciones expuestas anteriormente. Para ello, el empresario, en colaboración con los interlocutores sociales, facilitará la información que sea pertinente y la complementará con las actividades formativas que crea oportunas.

Asimismo, el usuario deberá ser informado del significado de la marca de calidad, donde se especifica la clase de protección o utilización específica.

El empresario solicitará del suministrador las instrucciones de uso y adiestrará en las mismas al usuario. Los cascos de protección serán destinados al uso individual.

DOCUMENTACIÓN DE INTERÉS

- Guía orientativa para la elección y utilización de los EPI. Cascos de seguridad. INSST. Año 2003.

- Folleto: Equipos de Protección Individual para los ojos, cara y cabeza frente al riesgo eléctrico. INSST. Año 2023.

- Convenio 155 de la OIT (art. 16.3).

- Guía técnica para la evaluación y prevención de los riesgos relativos a la utilización de equipos de trabajo del INSST.

- NTP 1179. Protectores de la cabeza: Cascos forestales y de rescate técnico. INSST. Año 2023.

- UNE EN 443:2009. Cascos para la lucha contra el fuego en los edificios y otras estructuras.

- UNE EN 50365:2003. Cascos eléctricamente aislantes para uso en instalaciones de baja tensión.

- UNE-EN 172/A1:2000. Protección individual del ojo. Filtros de protección solar para uso laboral.

- UNE-EN ISO 12312-1:2022. Protección de los ojos y la cara. Gafas de sol y equipos asociados. Parte 1: Gafas de sol para uso general (ISO 12312-1:2022).

- UNE-EN ISO 12312-1:2022 (Ratificada) Protección de los ojos y la cara. Gafas de sol y equipos asociados. Parte 1: Gafas de sol para uso general (ISO 12312-1:2022).

- UNE-EN ISO 18526-1:2020 a UNE-EN ISO 18526-4:2020. Protección de los ojos y la cara. Métodos de ensayo. Parte 1 a 4.
- UNE-EN ISO 18526-1:2020. Protección de los ojos y la cara. Métodos de ensayo. Parte 1: Propiedades ópticas geométricas (ISO 18526-1:2020).
- UNE-EN ISO 18526-2:2020. Protección de los ojos y la cara. Métodos de ensayo. Parte 2: Propiedades ópticas físicas (ISO 18526-2:2020).
- UNE-EN ISO 18526-3:2020. Protección de los ojos y la cara. Métodos de ensayo. Parte 3: Propiedades físicas y mecánicas (ISO 18526-3:2020).
- UNE-EN ISO 18526-4:2020. Protección de los ojos y la cara. Métodos de ensayo. Parte 4: Cabezas de ensayo (ISO 18526-4:2020).
- UNE-EN 397:2012+A1:2012. Cascos de protección para la industria.
- UNE-EN 14052:2012+A1:2012 (Ratificada). Cascos de protección de alto rendimiento para la industria.
- UNE-EN 443:2009. Cascos para la lucha contra el fuego en los edificios y otras estructuras.
- UNE-EN 50365:2003. Cascos eléctricamente aislantes para utilización en instalaciones de baja tensión.
- UNE-EN 12492:2012. Equipos de montañismo. Cascos para montañeros. Requisitos de seguridad y métodos de ensayo.
- UNE-EN 1078:2012+A1:2012. Cascos para ciclistas y para usuarios de monopatines y patines de rueda.
- Serie de normas UNE-EN 13087. Cascos de protección. Métodos de ensayo. (13087-1-Condiciones y acondicionamiento. 13087-2-Absorción de impactos. 13087-3-Resistencia a la perforación. 13087-4-Eficacia del sistema de retención. 13087-5-Resistencia del sistema de retención. 13087-6-Campo de visión. 13087-7-Resistencia a la llama. 13087-8-Propiedades eléctricas. 13087-10-Resistencia al calor radiante).

3.1.4. EPI para protección auditiva

¿Qué equipos para la protección auditiva existen?

Los protectores auditivos son equipos de protección individual que, debido a sus propiedades para la atenuación de sonido, reducen los efectos del ruido en la audición, para evitar así un daño en el oído.

Los equipos de protección auditiva se encuentran sometidos a diferentes disposiciones legales que regulan tanto su fabricación como su comercialización.

Esencialmente, tenemos los siguientes tipos de protectores:

- **Tapón auditivo:** protector que se utiliza inserto en el conducto auditivo externo.
- **Orejera:** protector auditivo que consta de: dos casquetes que ajustan convenientemente a cada lado de la cabeza por medio de elementos almohadillados, quedando el pabellón externo de los oídos en el interior de los mismos. Sistema de sujeción por arnés.

- **Casco anti-ruido:** elemento, que actuando como protector auditivo cubre parte de la cabeza, además del pabellón externo del oído.
- **Otros tipos:**
  - **Protectores dependientes del nivel:** están concebidos para proporcionar una protección que se incremente a medida que el nivel sonoro aumenta.
  - **Protectores para la reducción activa del ruido (protectores ANR):** se trata de protectores auditivos que incorporan circuitos electroacústicos destinados a suprimir parcialmente el sonido de entrada a fin de mejorar la protección del usuario.
  - **Orejeras de comunicación:** las orejeras asociadas a equipos de comunicación necesitan el uso de un sistema aéreo o por cable a través del cual puedan transmitirse señales, alarmas, mensajes o programas de entrenamiento.

Del mismo modo, los protectores auditivos pueden clasificarse en **pasivos y no pasivos** (NTP 980. Protectores auditivos: orejeras dependientes del nivel. INSST. Año 2013):

- **Los protectores auditivos pasivos** se refieren a las orejeras o a los tapones que poseen una respuesta acústica que depende de su diseño y de las características físicas de los materiales utilizados. Estos son los de uso más frecuente y su atenuación acústica permanece constante al variar el nivel de ruido siempre y cuando no cambie la frecuencia o el espectro de ruido presente.

- **Los protectores auditivos no pasivos** son los Equipos de Protección Individual (EPI) que incorporan algún sistema electrónico o elemento mecánico que los hace comportarse acústicamente de una forma específica. Entre éstos se encuentran las orejeras dependientes del nivel (de ruido), las orejeras con reducción activa del ruido olas orejeras con entrada eléctrica de audio. También hay modelos que poseen más de una función como dependientes del nivel y entrada eléctrica de audio (para conectarse a un sistema de comunicación).

CUESTIÓN

¿Qué normativa resulta de aplicación para riesgos relacionados con la exposición al ruido?

La Ley 31/1995, de 8 de noviembre, de Prevención de Riesgos Laborales, determina el cuerpo básico de garantías y responsabilidades preciso para establecer un adecuado nivel de protección de la salud de los trabajadores frente a los riesgos derivados de las condiciones de trabajo, en el marco de una política coherente, coordinada y eficaz. También resultarán de aplicación las disposiciones del Real Decreto 39/1997, de 17 de enero, por el que se aprueba el Reglamento de los Servicios de Prevención.

En caso de actividades en las que los trabajadores estén o puedan estar expuestos a riesgos derivados del ruido como consecuencia de su trabajo, resultará de aplicación el Real Decreto 286/2006, de 10 de marzo, sobre la protección de la salud y la seguridad de los trabajadores contra los riesgos relacionados con la exposición al ruido.

Criterios de uso y recomendaciones de los EPI de protección contra el ruido

‖ Obligación de eliminar o reducir el ruido

Los riesgos derivados de la exposición al ruido deberán eliminarse en su origen o reducirse al nivel más bajo posible, teniendo en cuenta los avances técnicos y la disponibilidad de medidas de control del riesgo en su origen (art. 4 del Real Decreto 286/2006, de 10 de marzo).

El empresario deberá hacer cuanto esté en su mano para que se utilicen protectores auditivos, fomentando su uso cuando éste no sea obligatorio y velando por que se utilicen cuando sea obligatorio. Asimismo, incumbirá al empresario la responsabilidad de comprobar la eficacia de las medidas adoptadas.

> **A TENER EN CUENTA.** Los arts. 9 y 10 del Real Decreto 286/2006, de 10 de marzo, regulan la necesidad de información, formación, consulta y participación de los trabajadores o de sus representantes sobre las cuestiones a que se refiere al control de los riesgos relacionados con la exposición al ruido.

La elección de un protector requerirá, en cualquier caso, un análisis del puesto de trabajo y de su entorno. Es por lo que la elección debe ser realizada por personal capacitado y, en el proceso de elección, la participación y colaboración del trabajador será de capital importancia. Como recomendaciones para la elección, siguiendo la «**Guía orientativa para la selección y utilización de protectores del INSST**», podemos hacer las siguientes recomendaciones:

- Antes de adquirir un protector auditivo, analizar los riesgos mecánicos, eléctricos, térmicos, o químicos; las características del ruido (continuo, intermitente, fluctuante, agudo; duración diaria de exposición; nivel habitual de exposición, etcétera).

- Tener en cuenta las ofertas de varios fabricantes para distintos modelos.

- Tener en cuenta todos los datos útiles referentes a: almacenamiento, uso, limpieza, mantenimiento, desinfección, accesorios, piezas de repuesto, clases de protección, fecha o plazo de caducidad, explicación de las marcas, etcétera.

El tipo de protector deberá elegirse en función del entorno laboral para que la eficacia sea satisfactoria y las molestias mínimas. A tal efecto, se preferirá, de modo general:

- Los tapones auditivos, para un uso continuo, en particular en ambientes calurosos y húmedos, o cuando deban llevarse junto con gafas u otros protectores.

- Las orejeras o los tapones unidos por una banda, para usos intermitentes.

- Los cascos anti-ruido o la combinación de tapones y orejeras en el caso de ambientes extremadamente ruidosos.

– El protector auditivo deberá elegirse de modo que reduzca la exposición al ruido a un límite admisible.

– Usar un protector auditivo no debe mermar la percepción del habla, de señales de peligro o de cualquier otro sonido o señal necesarios para el ejercicio correcto de la actividad. En caso necesario, se utilizarán protectores «especiales»: aparatos de atenuación variable según el nivel sonoro, de atenuación activa, de espectro de debilitación plano en frecuencia, de recepción de audiofrecuencia, de transmisión por radio, etc.

– La comodidad de uso y la aceptación varían mucho de un usuario a otro. Por consiguiente, es aconsejable realizar ensayos de varios modelos de protectores y, en su caso, de tallas distintas.

– En lo que se refiere a los cascos anti-ruido y las orejeras, se consigue mejorar la comodidad mediante la reducción de la masa, de la fuerza de aplicación de los casquetes y mediante una buena adaptación del aro almohadillado al contorno de la oreja.

El art. 7 del Real decreto 286/2006, de 10 de marzo, establece: «De conformidad con lo dispuesto en el artículo 17.2 de la Ley 31/1995, de 8 de noviembre y en el Real Decreto 773/1997, de 30 de mayo, sobre disposiciones mínimas de seguridad y salud relativas a la utilización por los trabajadores de equipos de protección individual, de no haber otros medios de prevenir los riesgos derivados de la exposición al ruido, se pondrán a disposición de los trabajadores, para que los usen, protectores auditivos individuales apropiados y correctamente ajustados (...)».

Cuando el nivel de ruido supere los valores inferiores de exposición que dan lugar a una acción, el empresario pondrá a disposición de los trabajadores protectores auditivos individuales. Los valores límite de exposición y los valores de exposición que dan lugar a una acción, referidos a los niveles de exposición diaria y a los niveles de pico, se fijan en el art. 5 del Real Decreto 286/2006, de 10 de marzo:

– **Valores límite de exposición:** LAeq,d = 87 dB(A) y Lpico = 140 dB (C), respectivamente.

– **Valores superiores de exposición que dan lugar a una acción:** LAeq,d = 85 dB(A) y Lpico = 137 dB (C), respectivamente.

– **Valores inferiores de exposición que dan lugar a una acción:** LAeq,d = 80 dB(A) y Lpico = 135 dB (C), respectivamente:

  • Mientras se ejecuta el programa de medidas a que se refiere el artículo 4.2 del Real Decreto 286/2006, de 10 de marzo y en tanto el nivel de ruido sea igual o supere los valores superiores de exposición que dan lugar a una acción, se utilizarán protectores auditivos individuales.

  • Los protectores auditivos individuales se seleccionarán para que supriman o reduzcan al mínimo el riesgo.

A TENER EN CUENTA. La NTP 980 especifica los métodos de cálculo del nivel acústico efectivo en el oído así como la valoración de la atenuación acústica para protectores no pasivos dependientes del nivel. Del mismo modo, La *«Guía técnica para la evaluación y prevención de los riesgos relacionados con la exposición al ruido en los lugares de trabajo. INSST. Año 2022»* contiene información de los distintos métodos disponibles para el cálculo de L'A (Nivel de presión acústica efectivo en el oído del trabajador con protector auditivo), a partir de las características acústicas del protector y la caracterización del ruido (en los protectores no pasivos con entrada eléctrica de audio, para determinar el nivel acústico total efectivo en el oído se deberá tener en cuenta el generado por la señal de comunicación). En particular el «Método de comprobación HML» permite estimar L'A conociendo únicamente el valor de exposición en dB (A). La caracterización acústica del protector auditivo debe figurar en el folleto informativo del equipo. (Cartel: Protectores auditivos: selección y utilización. Año 2018. INSST).

La idoneidad de una orejera dependiente del nivel para un puesto de trabajo se verifica a partir de los niveles de criterio HML. En este proceso no se llega a conocer el nivel de ruido real que llega al oído de la persona que lo utiliza, lo que se determina es si el EPI es o no adecuado.

MEDICIÓN DEL NIVEL DE EXPOSICIÓN AL RUIDO [LAeq Y Lpico (C)]

Real Decreto 286/2006, de 10 de marzo,

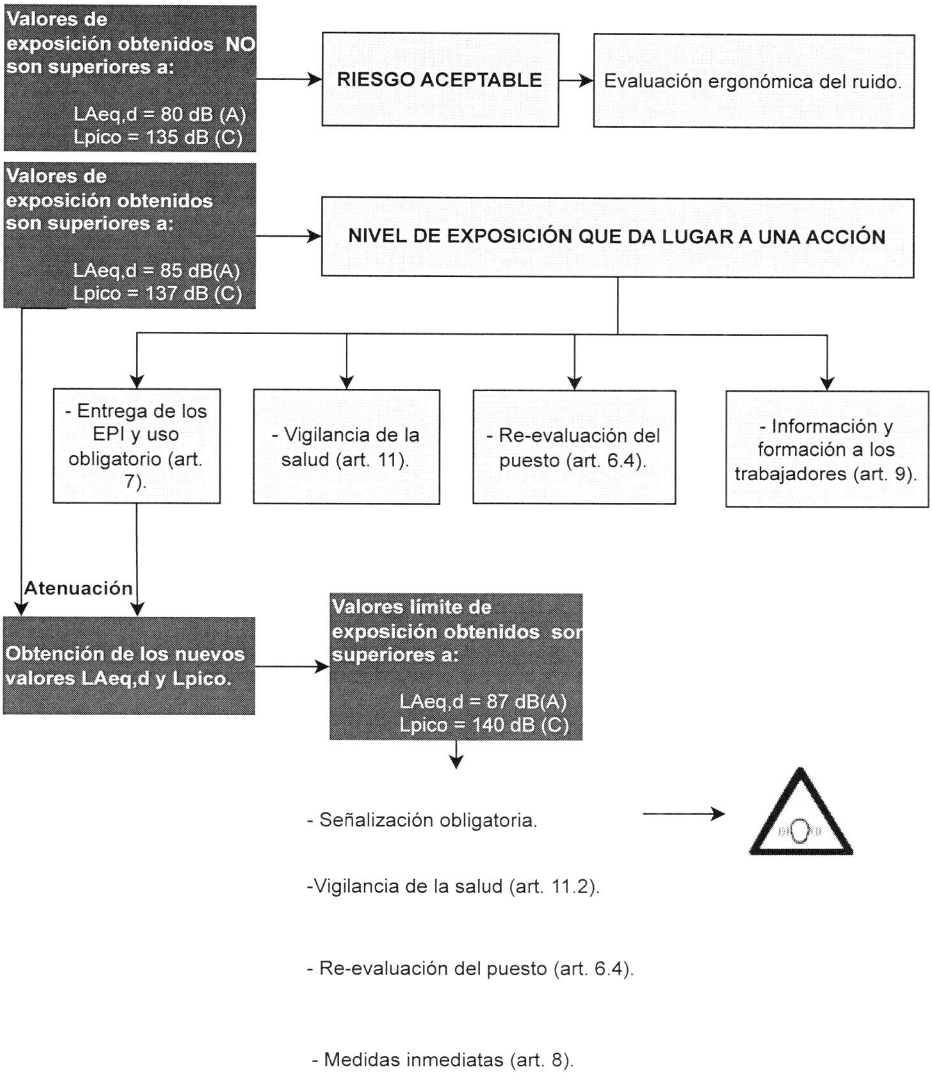

Valores de exposición obtenidos **NO** son superiores a:

$LAeq,d = 80\ dB\ (A)$
$Lpico = 135\ dB\ (C)$

→ **RIESGO ACEPTABLE** → Evaluación ergonómica del ruido.

Valores de exposición obtenidos son superiores a:

$LAeq,d = 85\ dB(A)$
$Lpico = 137\ dB\ (C)$

→ **NIVEL DE EXPOSICIÓN QUE DA LUGAR A UNA ACCIÓN**

- Entrega de los EPI y uso obligatorio (art. 7).

- Vigilancia de la salud (art. 11).

- Re-evaluación del puesto (art. 6.4).

- Información y formación a los trabajadores (art. 9).

Atenuación

Obtención de los nuevos valores LAeq,d y Lpico.

→ Valores límite de exposición obtenidos son superiores a:

$LAeq,d = 87\ dB(A)$
$Lpico = 140\ dB\ (C)$

- Señalización obligatoria. →

-Vigilancia de la salud (art. 11.2).

- Re-evaluación del puesto (art. 6.4).

- Medidas inmediatas (art. 8).

97

|| Métodos de medición y evaluación del ruido

| Método HML

En este método, es necesario disponer de los niveles de presión sonora LAeq y LCeq así como el valor C-A que obtiene de la diferencia aritmética entre dichos niveles en dB(C) y en dB(A). En primer lugar, se dibuja una curva que relaciona los niveles de criterio HML de una determinada orejera con sus correspondientes diferencias C-A. Estas diferencias C-A están normalizadas y son:

Nivel de diferencia criterio	Diferencia C-A
H	-2
M	2
L	10

Fuente: NTP 980. Protectores auditivos: orejeras dependientes del nivel. INSST. Año 2013. (Relación entre los niveles del criterio HML y la diferencia C-A).

| Método de comprobación HML, control de medición

En el método de comprobación por control de medición es necesario disponer de los niveles de criterio, del nivel LAeq y de las diferencias C-A del puesto de trabajo obtenidas a partir de los niveles equivalentes en dB(C) y en dB(A). Para poder concluir que el nivel acústico en el oído será inferior a los 85 dB(A) deberá cumplirse alguna de las siguientes opciones:

- Que el nivel LAeq sea inferior al nivel de criterio M si el valor C-A es menor de 5 dB.
- Que el nivel LAeq sea inferior al nivel de criterio L si el C-A es mayor de 5 dB.

| Método de comprobación HML, modo de escucha

En este caso es necesario disponer de los niveles de criterio, del nivel LAeq del puesto de trabajo y de información sobre si el ruido existente es de medias a altas o de bajas frecuencias. La clase de ruido se determina por medio de la escucha, por listas de referencia o por consulta sobre las características de las fuentes de ruido presentes. Para poder estimar que el nivel acústico en el oído será inferior a los 85 dB(A), deberá cumplirse alguna de las siguientes opciones:

- Que el nivel LAeq sea inferior al nivel de criterio M si el ruido es de frecuencias medias a altas.
- Que el nivel LAeq sea inferior al nivel de criterio L si el ruido es de bajas frecuencias.

| Herramienta del INSST

El INSST cuenta con un **calculador y una app para la evaluación de la exposición al ruido** (actualizada en el año 2023) basada en el cálculo del nivel de exposición diario equivalente (LAeq,d) y su comparación con los valores de exposición que dan lugar a una acción y con el valor límite según el artículo 5 del Real Decreto 286/2006, de 10 de marzo mediante el procedimiento especificado en la **norma UNE-EN ISO 9612:2009. Acústica. Determinación de la exposición al ruido en el trabajo. Método de ingeniería. (ISO 9612:2009).**

CUESTIONES

1. ¿Qué factores tendrá en cuenta la evaluación de riesgos para la elección del EPI?

Algunos de los factores que se deben tener en cuenta desde el punto de vista de la seguridad para la elección y utilización del EPI auditivo son:

- Lograr una atenuación acústica suficiente para cada situación sonora que se pueda plantear. Para lo que será necesario analizar la existencia de ruido continuo o ruido repentino.

- Resistencia al proceso productivo en el que se desarrolle la actividad (proyecciones incandescentes en caso de soldaduras, por ejemplo).

- Posibles incomodidades o molestias al trabajar. Aspectos del diseño ergonómico como el volumen, la presión, la transpiración, adaptabilidad individual, etcétera.

- Limitación de la capacidad de comunicación acústica. En función del riesgo puede ser recomendable la utilización de tapones para los oídos frente auriculares, se recomienda realizar pruebas auditivas antes de la elección.

- Posibles peligros para la salud derivados falta de compatibilidad con otros EPI, falta de higiene, enganches, etcétera.

- Condiciones ambientales como trabajo a la intemperie, agresiones físicas, etcétera.

- Desgaste o deterioro del equipo.

- Etcétera.

2. A pesar de las medidas adoptadas, se comprueba que existen exposiciones por encima de los valores límite recomendados. ¿Cómo actuará el empresario?

Atendiendo al art. 8 del Real Decreto 286/2006, de 10 de marzo, el empresario deberá:

- Tomar inmediatamente medidas para reducir la exposición por debajo de los valores límite de exposición.

- Determinar las razones de la sobreexposición.

- Corregir las medidas de prevención y protección, a fin de evitar que vuelva a producirse una reincidencia.

- Informar a los delegados de prevención de tales circunstancias.

DOCUMENTACIÓN DE INTERÉS

- Guía técnica para la evaluación y prevención de los riesgos relacionados con la exposición de los trabajadores al ruido en los lugares de trabajo. INSST. Año 2022.

- Aplicación del RD 286/2066, sobre ruido. INSST.

- NTP 638: Estimación de la atenuación efectiva de los protectores auditivos. INSST. Año: 2003.

- NTP 960. Ruido: control de la exposición (I). Programa de medidas técnicas o de organización. INSST. Año: 2012.

- NTP 952. Estrategias de medición y valoración de la exposición a ruido (III): ejemplos de aplicación. Año: 2012.

- Anexos de la Decisión de Ejecución (UE) 2021/1201 de la Comisión de 16 de julio de 2021 por la que se modifica la Decisión de Ejecución (UE) 2020/668 en lo que respecta a las normas armonizadas sobre protectores auditivos.

- UNE-EN 352-1:2020. Protectores auditivos. Requisitos generales. Parte 1: Orejeras. (Ratificada por la Asociación Española de Normalización en marzo de 2021).

- UNE-EN 352-2:2020. Protectores auditivos. Requisitos generales. Parte 2: Tapones. (Ratificada por la Asociación Española de Normalización en marzo de 2021).

- UNE-EN 352-3:2020. Protectores auditivos. Requisitos generales. Parte 3: Orejeras acopladas a los equipos de protección de cabeza y/o cara. (Ratificada por la Asociación Española de Normalización en marzo de 2021).

- UNE-EN 352-4:2020. Protectores auditivos. Requisitos de seguridad y ensayos. Parte 4: Orejeras dependientes del nivel. (Ratificada por la Asociación Española de Normalización en marzo de 2021).

- UNE-EN 352-5:2020. Protectores auditivos. Requisitos de seguridad y ensayos. Parte 5: Orejeras con reducción activa del ruido. (Ratificada por la Asociación Española de Normalización en marzo de 2021).

- UNE-EN 352-6:2020. Protectores auditivos. Requisitos generales y ensayos. Parte 6: Orejeras con entrada eléctrica de audio. (Ratificada por la Asociación Española de Normalización en marzo de 2021).

- UNE-EN 352-8:2020. Protectores auditivos. Requisitos de seguridad y ensayos. Parte 8: Orejeras con audio de entretenimiento. (Ratificada por la Asociación Española de Normalización en marzo de 2021).

- UNE-EN 352-9:2020. Protectores auditivos. Requisitos generales. Parte 9: Tapones para los oídos con entrada de audio eléctrica.

- UNE-EN 352-10:2020 . Protectores auditivos. Requisitos de seguridad y ensayos. Parte 10: Tapones para los oídos con entrada de audio de entretenimiento.

- UNE-EN ISO 4869-2:2020. Acústica. Protectores auditivos contra el ruido. Parte 2: Estimación de los niveles efectivos de presión sonora ponderados A cuando se utilizan protectores auditivos. (ISO 4869-2:2018).

3.1.5. EPI para la protección pies y piernas

Las lesiones de pies y piernas están ampliamente extendidas y son comunes en muchos sectores industriales. El calzado de seguridad es uno de los tipos de EPI cuyo uso está más extendido entre los trabajadores (Anexo IV. 6. Zapatos y botas de seguridad).

Tipo de riesgo	Elemento de protección
– Riesgos mecánicos – Caída de objetos en la puntera. – Caídas de objetos en el metatarso. – Atrapamiento (aplastamiento) del pie. – Caída e impacto sobre el talón. – Caída por deslizamiento. – Marcha sobre objetos punzantes y cortantes. – Corte por sierra.	– Tope de seguridad o protección. – Protector del metatarso. – Tope de seguridad o protección. – Tacón absorbedor de energía. – Suela antideslizante. – Plantilla resistente a la perforación. – Empeine resistente al corte.
– Riesgos eléctricos – Contacto eléctrico. – Descarga electrostática.	– Calzado aislante de la electricidad. – Suela conductora, suela antiestática.
Riesgos químicos Ácidos, bases, disolventes, hidrocarburos, etcétera.	Suelas y empeines resistentes e impermeables.
Riesgos térmicos – Ambiente frío. – Ambiente caluroso. – Contacto con una superficie caliente. – Proyección de metal fundido. – Lucha contra el fuego.	– Suela aislante del frío. – Suela aislante del calor. – Suela resistente al calor por contacto. – Empeine resistente a proyecciones de metal fundido. – Suelas y empeines adaptados a la lucha contra el fuego.

Fuente: NTP 773. Equipos de protección individual de pies y piernas. Calzado. Generalidades. INSST. Año: 2007.

Se distinguen **tres tipos de calzados**: de seguridad, de protección y de trabajo. Cada uno de ellos puede fabricarse en distintos materiales que determinan sus **requisitos básicos**:

– **SB: calzado de seguridad**; calzado que incorpora elementos para proteger al usuario de riesgos que puedan originar accidentes, equipado con tope de seguridad, diseñado para ofrecer protección contra el impacto cuando se ensaya con un nivel de energía de, al menos, 200 J y contra la compresión cuando se ensaya con una carga de al menos 15 kN (según UNE-EN ISO 20345:2022).

– **PB: calzado de protección**; calzado que incorpora elementos para proteger al usuario de riesgos que puedan originar accidentes, equipado con tope de seguridad, diseñado para ofrecer protección contra el impacto cuando se ensaya con un nivel de energía de, al menos, 100 J y contra la compresión cuando se ensaya con una carga de al menos 10 kN (según UNE-EN ISO 20345:2022).

– **OB: calzado de trabajo**; calzado que incorpora elementos para proteger al usuario de riesgos que puedan dar lugar a accidentes. No garantiza protección contra el impacto y la compresión en la parte delantera del pie (según UNE-EN ISO 20347:2022). Estos modelos no llevan puntera ni plantilla de protección contra impactos, pero deben cumplir las normas de antideslizamiento y protección hidrófuga.

Dependiendo del material de **fabricación**, se distinguen tres clasificaciones:

– **Clasificación I:** calzado fabricado con cuero y otros materiales, excluidos calzados todo de caucho o todo polimérico.

– **Clasificación II:** calzado todo de caucho (por ejemplo, completamente vulcanizado) o todo polimérico (por ejemplo, completamente moldeado). Cualquiera de los tres tipos, con las dos clasificaciones posibles, tiene una serie de prestaciones que les permiten ofrecer protección frente a diversos riesgos.

– **Híbrido:** calzado de clase II que incorpora otro material que prolonga la altura del calzado.

A la hora de interpretar su marcado hemos de tener en cuenta la resistencia al deslizamiento, características adicionales de protección y las distintas categorías según los requisitos básicos y adicionales.

Resistencia al deslizamiento

Anteriormente (anulada UNE-EN ISO 20345:2012) se establecía como requisitos básicos la resistencia al deslizamiento SRA (para suelo de cerámica con disolución jabonosa), SRB (para suelo de acero con glicerina) o SRC (para suelo de cerámica con disolución jabonosa y suelo de acero con glicerina), según el tipo de protección.

Con la nueva UNE-EN ISO 20345:2022 se destierran los anteriores marcados SRA, SRB y SRC, y se realizará un nuevo ensayo. A modo de resumen:

– El calzado de seguridad pasará obligatoriamente la prueba de deslizamiento sobre baldosa con detergente [como es lógico, al ser esta prueba de obligado cumplimiento para obtener la certificación UNE, **se elimina la antigua designación (y marcado) SRA**].

Condiciones de ensayo	Coeficiente de fricción
Condición A (desplazamiento del tacón hacia delante)	≥ 0,31
Condición B (desplazamiento hacia detrás de la parte delantera)	≤ 0,36

– Si el calzado supera la prueba de resistencia sobre baldosa con detergente, podría obtener el marcado SR (de forma opcional), en este caso se aplicarán los siguientes coeficiente de fricción:

Condiciones de ensayo	Coeficiente de fricción
Condición C (desplazamiento del tacón hacia delante)	≥ 0,19
Condición D (desplazamiento hacia detrás de la parte delantera)	≤ 0,22

– Para calzados especiales que contienen clavos, tacos metálicos, aquellos destinados a ser usados sobre arena, barro, y otros suelos blandos o cualquiera en el que no sea posible testar el ensayo de resistencia al deslizamiento, se usará el marcado Ø.

Resistencia a la perforación

La resistencia a la perforación se valida mediante dos parámetros: el **material de la plantilla (metálicas o no metálicas)** y del **diámetro del punzón con el que se hace la prueba (de 4,5 mm o 3 mm)** de resistencia. En este punto la UNE-EN ISO 20345:2022 también ha modificado el marcado del material:

Tipo de plantilla	Requisitos	Marcado (UNE-EN ISO 20345:2022)
Plantilla metálica resistente a la perforación	≥ 1.100 N con punzón de 4,5 mm.	P
Plantilla no metálica resistente a la perforación y palmillas	≥ 1.100 N con punzón de 4,5 mm (sobre 4 puntos).	PL (L de «large» grande en inglés).
Plantilla no metálica resistente a la perforación y palmillas	Media de cuatro pruebas ≥ 1.100 N con punzón de 3,0 mm (sobre 5 medidas). Ningún valor a modo individual será ≤ 950 N.	PS (S de «small» pequeño en inglés).

CUESTIONES

1. ¿Qué plantillas ofrecen una mayor protección contra la perforación las tipo PS o las tipo PL?

Dado que cuanto menor es el diámetro del punzón ejerce más presión, plantillas tipo PS (punzón de 3,0 mm) ofrecen una mayor protección contra la perforación que las PL (se utiliza un punzón de 4,5 mm).

2. ¿Cómo sería el marcado nivel de protección S1 con plantillas?

Dependiendo del ensayo que pase la plantilla se designarán como S1P las metálicas y las no metálicas como S1PL o S1PS

Resistencia al agua

Nuevamente la UNE-EN ISO 20345:2022 ha modificado los criterios anteriores para validar la resistencia al agua de este tipo de calzado.

Tipo de calzado	Marcado (UNE-EN ISO 20345:2022)
Calzado resistente a la penetración y absorción de agua	WPA
Calzado resistente al agua, incorpora una membrana impermeable	WR Se añaden dos niveles específicos: S6 y S7 (con diferentes subniveles dependiendo del tipo de plantilla antiperforación).

Requisitos adicionales de protección

Como **requisitos adicionales** encontramos:

- Propiedades eléctricas:
  - Calzado conductor (C). Con resistencia eléctrica es de 0 a 100 kiloohmios.
  - Calzado antiestático (A). Con resistencia eléctrica es de 100 a 1.000 kiloohmios.
  - Calzado eléctricamente aislante (I). Protege frente al paso de una corriente eléctrica por el cuerpo humano (para tensiones inferiores a 1000 Vac).
- Resistencia a ambientes agresivos:
  - Aislamiento del calor (HI). Aíslan contra el calor de la suela hasta 150.° C.
  - Aislamiento del frío (CI). Aíslan contra el frío de la suela hasta -17.° C.
- Absorción de energía del tacón (E). Como mínimo absorbe energía de 20 J.
- Protección del metatarso (M). Este tipo de calzado laboral cuenta con una protección en el metatarso para evitar golpes de posibles objetos que puedan caer encima del pie.
- Protección del tobillo (AN).
- Penetración y absorción de agua (WPA).
- Resistencia al corte (CR).
- Resistencia al calor por contacto (HRO). Aíslan contra el calor de la suela hasta 300.° C.
- Resistencia a los hidrocarburos (FO).
- Resistencia al corte por sierra de cadena accionada a mano.
- Calzado para bomberos.
- Calzado resistente a productos químicos.
- Riesgos térmicos y salpicaduras de metal fundido.
- Calzado para motociclistas.

Requisitos básicos y adicionales de protección

Por lo general, cuando hablamos de calzado de seguridad los requisitos más conocidos son los denominados «requisitos básicos» como son la puntera de seguridad, plantilla antiperforación, hidrófugo, etcétera, ya que cumplen las principales demandas de este tipo de equipos.

La normativa UNE-EN ISO 20345:2022 (que sustituye a la anulada UNE-EN ISO 20345:2012), trajo consigo una serie de modificaciones importantes que buscan mejorar la seguridad y protección en el calzado de seguridad, adaptándose a las nuevas necesidades y riesgos en el entorno laboral. Estos cambios han afectado tanto a los requisitos básicos como a los adicionales del calzado de seguridad.

A modo orientativo, atendiendo a las categorías según la combinación de requisitos básicos y adicionales, encontramos los siguientes tipos:

Clasificación	Categorías calzado de seguridad	
	Propiedades	
Clase I (fabricado con cuero y otros materiales)	SB	Solo requisitos básicos.
	S1	Requisitos básicos (SB). Talón cerrado. Antiestático. Absorción de energía del tacón.
	S2	Propiedades S1. Resistencia a la perforación y absorción de agua.
	S3	Propiedades S2. Resistencia a la perforación. Suela con resaltes.
	S6	Antiestático. Absorción de energía del tacón. Resistencia a la perforación y absorción de agua. Resistencia al agua del calzado completo.
	S7	Propiedades S6 Resistencia a la perforación. Suela con resaltes.
Clase II (calzado todo de caucho o todo polimérico)	SB	Solo requisitos básicos.
	S4	Protección en la puntera 200 J Talón cerrado Antiestático. Absorción de energía del talón.
	S5	Protección S4 Resistencia a la perforación. Suela con resaltes.
Calzado de seguridad híbrido	Híbrido	Parte superior: clase I. Parte inferior: clase II.

CUESTIONES

1. ¿Qué información debe contener el calzado como equipos de protección individual?

- Nombre.
- Marca o cualquier medio de identificación del fabricante.
- Año de fabricación y, al menos, trimestre.
- Talla.
- Marca CE.
- Número del organismo notificado que le ha realizado el último control de calidad de la producción (si es aplicable).
- El número y la fecha de la norma.
- Símbolos correspondientes a la protección ofrecida.

2. A modo de ejemplo, ¿qué significa que un calzado de seguridad indique «S1» y «FO»?

Indica que el calzado en cuestión cumple los requisitos básicos (SB) y, además, tiene parte trasera cerrada, es antiestático (A), absorbe energía en la zona del tacón (E). La resistencia a los hidrocarburos (FO) es un requisito básico en el calzado de seguridad.

3. En función de los riesgos frente a los que protegen y las normas técnicas que habitualmente se utilizan para su certificación, ¿cuáles son los principales tipos de calzado de uso laboral?

Según el folleto informativo **«Equipos** *de protección individual para pies y piernas. INSST. Año 2021»*:

- *Calzado de trabajo (UNE-EN ISO 20347:2022).* Ofrece protección básica sin garantizar protección de los dedos contra impacto o compresión.
- *Calzado de protección (UNE-EN ISO 20346:2022).* Añade protección de los dedos contra impactos de al menos 100 J y compresión de al menos 10 KN.
- *Calzado de seguridad (UNE-EN ISO 20345:2022).* Incluye protección de los dedos contra impactos de al menos 200 J y compresión de al menos 15 KN.
- *Calzado resistente al corte por sierra de cadena accionada a mano (UNE-EN ISO 17249:2014).* Especifica niveles de resistencia según la velocidad de la sierra, marcando el nivel de resistencia en el pictograma.
- *Calzado contra riesgos en fundiciones (UNE-EN ISO 20349-1:2017).* El calzado de soldadura llevará el marcado WG, indicando su adecuación para soldadura.
- *Calzado contra riesgos en procesos de soldadura (UNE-EN ISO 20349-2:2017).* El calzado de soldadura llevará el marcado WG, indicando su adecuación para soldadura.
- *Calzado protector frente a productos químicos (UNE-EN 13832-2:2020).* Distingue entre contacto limitado y prolongado con productos químicos, marcando específicamente los productos químicos contra los que protege.
- *Calzado para bomberos (UNE-EN 15090:2012).* Clasifica el calzado según la protección de los dedos, la perforación y frente a riesgos químicos, utilizando un código específico en el pictograma.

– *Calzado de protección frente al riesgo eléctrico.* Varía según la protección deseada, desde aislante de la electricidad hasta conductor para trabajos en tensión, siguiendo normas específicas como UNE-EN 50321-1:2018 y UNE-EN 60839-11-1:2014.

Criterios de uso y recomendaciones de los EPI de protección de pies y piernas

La selección del equipo se llevará a cabo una vez que hayan sido definidos los riesgos presentes en el lugar de trabajo.

Se puede tomar como base una lista de control donde, en función de los riesgos, se decidirá el tipo de equipo y el nivel de protección requerido. Posteriormente se estudiarán los equipos certificados existentes en el mercado, que cumplan los requisitos exigidos, para proceder a su selección.

Siempre que fuese posible, se debería probar el equipo en el lugar de trabajo. Habrá que tener en cuenta la morfología de los usuarios, por lo que será conveniente conocer la diversidad de formas y tallas ofrecidas.

Del mismo modo, existen determinadas situaciones o condiciones de uso que pueden alterar las prestaciones iniciales del calzado («NTP 773. Equipos de protección individual de pies y piernas. Calzado. Generalidades. INSST. Año: 2007»):

– Envejecimiento debido al uso, humedad y temperatura ambientales.

– Acciones mecánicas, térmicas o químicas.

– Almacenamiento, limpieza y mantenimiento inadecuados.

– Mala elección y utilización. El usuario debería tener en cuenta, entre otros, los aspectos relativos al plazo de caducidad y vida útil, la reutilización y el mantenimiento del calzado.

El calzado de cuero adopta la forma del pie del usuario, por este motivo y por las evidentes razones de higiene, debería prohibirse la utilización del mismo par de calzados de cuero por más de una persona.

El calzado de goma o de materia plástica podría, en casos excepcionales, ser utilizado por más de una persona, siempre que se lleve a cabo una minuciosa limpieza y desinfección del mismo. Cuando el calzado pueda ser usado por más de una persona deberá indicarse claramente la necesidad de la desinfección.

DOCUMENTACIÓN DE INTERÉS

– Guía orientativa para la selección y utilización de EPI, calzado de uso profesional. INSST.

– NTP 773. Equipos de protección individual de pies y piernas. Calzado. Generalidades. INSST. Año: 2007.

– NTP 813.Calzado para protección individual: especificaciones, clasificación y marcado. INSST. Año: 2008.

- UNE-EN ISO 19574:2022. Calzado y componentes de calzado. Método de ensayo cualitativo para evaluar la actividad antifúngica (ensayo de crecimiento). (ISO 19574:2022).

- UNE-EN ISO 20345:2022. Equipo de protección individual. Calzado de seguridad. (ISO 20345:2021).

- UNE-EN ISO 20346:2022. Equipo de protección individual. Calzado de protección. (ISO 20346:2021).

- UNE-EN ISO 20347:2022. Equipo de protección individual. Calzado de trabajo. (ISO 20347:2021).

- UNE-EN ISO 17249:2014. Calzado de seguridad resistente al corte por sierra de cadena. (ISO 17249:2013).

- UNE-EN 13832-1:2019. Calzado protector frente a productos químicos. Parte 1: Terminología y métodos de ensayo.

- UNE-EN 13832-2:2020. Calzado protector frente a productos químicos. Parte 2: Requisitos para el contacto limitado con productos químicos.

- UNE-EN 13832-3:2020. Calzado protector frente a productos químicos. Parte 3: Requisitos para el contacto prolongado con productos químicos.

- UNE-EN 15090:2012. Calzado para bomberos.

- UNE-EN 50321-1:2018/AC:2018-08. Trabajos en tensión. Calzado de protección eléctrica. Parte 1: Calzado y cubrebotas aislantes.

- UNE-EN ISO 20349-1:2017. Equipo de protección personal. Calzado de protección frente a riesgos en fundiciones y soldadura. Parte 1: Requisitos y métodos de ensayo para la protección contra riesgos en fundiciones. (ISO 20349-1:2017).

- UNE-EN ISO 20349-1:2017/A1:2020. Equipo de protección personal. Calzado de protección frente a riesgos en fundiciones y soldadura. Parte 1: Requisitos y métodos de ensayo para la protección contra riesgos en fundiciones. Modificación 1 (ISO 20349-1:2017/Amd 1:2020).

- UNE-EN ISO 20349-2:2017. Equipo de protección personal. Calzado de protección frente a riesgos en fundiciones y soldadura. Parte 2: Requisitos y métodos de ensayo para la protección contra riesgos en procesos de soldadura. (ISO 20349-2:2017).

- UNE-EN ISO 20349-2:2017/A1:2020. Equipo de protección personal. Calzado de protección frente a riesgos en fundiciones y soldadura. Parte 2: Requisitos y métodos de ensayo para la protección contra riesgos en procesos de soldadura. (ISO 20349-2:2017/Amd 1:2020).

- UNE-EN ISO 20344:2022. Equipos de protección personal. Métodos de ensayo para calzado. (ISO 20344:2021).

- UNE-EN ISO 11393-3:2018. Ropas de protección para usuarios de sierras de cadena accionadas a mano. Parte 3: Métodos de ensayo para el calzado. (ISO 11393-3:2018).

- UNE-EN 50321-1:2018 (Corregida por UNE-EN 50321-1:2018/AC:2018-08). Trabajos en tensión. Calzado de protección eléctrica. Parte 1: Calzado y cubrebotas aislantes.

- UNE-EN ISO 13287:2020. Equipos de protección individual. Calzado. Método de ensayo para la determinación de la resistencia al deslizamiento. (ISO 13287:2019).

- UNE-EN 14404:2005+A1:2010. Equipos de protección individual. Rodilleras para trabajos en posición arrodillada.
- UNE-EN ISO 22568-1:2020. Protectores de pies y piernas. Requisitos y métodos de ensayo para componentes del calzado. Parte 1: Topes metálicos. (ISO 22568-1:2019, Versión corregida 2020-11).
- UNE-EN ISO 22568-2:2020. Protectores de pies y piernas. Requisitos y métodos de ensayo para componentes del calzado. Parte 2: Topes no metálicos. (ISO 22568-2:2019).
- UNE-EN ISO 22568-3:2020. Protectores de pies y piernas. Requisitos y métodos de ensayo para componentes del calzado. Parte 3: Plantas metálicas resistentes a la perforación. (ISO 22568-3:2019).
- UNE-EN ISO 22568-4:2021. Protectores de pies y piernas. Requisitos y métodos de ensayo para la evaluación de componentes de calzado. Parte 4: Plantas resistentes a la perforación no metálicas. (ISO 22568-4:2021).

3.1.6. EPI para la protección de cuerpo y manos

¿Qué EPI puede usarse para proteger el cuerpo y las manos?

El objetivo de estos equipos es impedir el contacto y penetración de sustancias tóxicas, corrosivas o irritantes a través de la piel, especialmente a través de las manos que es la parte del cuerpo que más probablemente puede entrar en contacto con los productos químicos. Sin embargo, no debe despreciarse el riesgo de impregnación de la ropa, que se puede prevenir empleando delantales, mandiles y, en general, ropa de trabajo o protección adecuada a las características de peligrosidad del agente químico manipulado. En caso de contacto con el producto debe procederse al lavado inmediato de la protección y si se ha impregnado la ropa de trabajo, quitársela inmediatamente y proceder asimismo a su lavado.

En función de los distintos ambientes encontramos **ropa de** protección adaptada a cada circunstancia siguiendo las normas armonizadas de requisitos aplicables. A modo de ejemplo no exhaustivo:

- Ropa de protección contra ambientes fríos (-5.° C).
- Ropa de protección contra el frío (-5.° C y hasta -50.° C).
- Ropa de protección contra cortes y pinchazos.
- Ropa de protección contra productos químicos, agentes biológicos, contaminación radioactiva, etcétera.
- Ropa de protección contra el calor.
- Ropa de protección contra el fuego o la llama.
- Ropa de protección contra riesgos eléctricos.
- Ropa de protección contra agentes biológicos.
- Etcétera.

Los requisitos específicos de la ropa de protección se determinarán en la evaluación de riesgos atendiendo a las exigencias de la LPRL, el Real Decreto 773/1997, de 30 de mayo, el Real Decreto 542/2020, de 26 de mayo, el Reglamento (CE) n.º 1907/2006 y la norma UNE-EN ISO 13688:2013, modificada por UNE-EN ISO 13688:2013/A1:2021 (Ratificada). Ropa de protección. Requisitos generales. Modificación 1 (ISO 13688:2013/Amd 1:2021), en combinación con la norma armonizada específica según el tipo de riesgo al que se encuentre expuesta la persona trabajadora.

> **A TENER EN CUENTA.** En la «NTP 1171: Ropa de protección: Requisitos generales. INSST. Año: 2022» (a modo de referencia), se enumeran normas específicas de ropa de protección con la norma técnica de referencia y, en su caso, los pictogramas asociados.

Los **guantes** son los EPI destinados para proteger total o parcialmente la mano. Ante la posibilidad de contacto dérmico, la utilización de los guantes es en muchas ocasiones el sistema de prevención más utilizado. Su uso, a diferencia de las protecciones respiratorias e igual que ocurre con las gafas, no supone fatiga ni especial incomodidad, aunque esto último depende de las operaciones manuales que se realicen. Esta situación, junto al hecho de que a menudo sea la única solución razonable para la prevención del riesgo, hace que haya una mayor tendencia a su utilización sin límite de tiempo.

Del mismo modo, todos los guantes destinados a proteger frente a uno o más riesgos deben ir identificados como corresponda:

- Si se trata de un **producto sanitario** (PS), será necesario que cuenten, al menos, con:

  - **Marcado CE**, siguiendo el Real Decreto 1591/2009, de 16 de octubre.

  - Atendiendo a los riesgos potenciales que pueden derivarse de su utilización, los productos sanitarios se agrupan en cuatro clases: **I, II a, II b y III**, aplicando las reglas de decisión que se basan en la vulnerabilidad del cuerpo humano (de acuerdo con los criterios establecidos en el anexo IX del Real Decreto 1591/2009, de 16 de octubre).

  - En función de las clases citadas, se aplican los diferentes procedimientos de **evaluación de la conformidad**, de manera que, en los productos de menor riesgo, clase I, la evaluación se realiza bajo la exclusiva responsabilidad de los fabricantes, mientras que en el resto de las clases es necesaria la intervención de un organismo notificado. El grado de intervención y la profundidad de la evaluación están en consonancia con la clase de riesgo del producto, si bien siempre es necesario el examen de la documentación técnica relativa al diseño para que el organismo pueda verificar el cumplimiento del producto con los requisitos esenciales (arts. 11 a 15 del Real Decreto 1591/2009, de 16 de octubre).

- Si se trata de un **equipo de protección individual (EPI)**, los guantes de trabajo, al igual que el resto de los equipos de protección se clasifican en categoría I, II o III en función del riesgo y deben estar oportunamente certificados para su comercialización en la UE:

- Exigencias generales: UNE-EN ISO 21420:2020. Guantes de protección. Requisitos generales y métodos de ensayo. (ISO 21420:2020). Esta norma hace referencia a al diseño y construcción de los guantes, su inocuidad, los requisitos para su limpieza y algunas propiedades adicionales.

- Riesgos mecánicos: UNE-EN 388:2016+A1:2018 (Ratificada). Guantes de protección contra riesgos mecánicos.

- Riesgos para el frío: UNE-EN 511:2006. Guantes de protección contra el frío.

- Riesgos térmicos en el calor y en el fuego: UNE-EN 407:2020 (Ratificada). Guantes de protección y otros equipos de protección para las manos contra riesgos térmicos (calor y/o fuego).

- Riesgos microorganismos: UNE-EN ISO 374-2:2020. Guantes de protección contra los productos químicos y los microorganismos. Parte 2: Determinación de la resistencia a la penetración. (ISO 374-2:2019).

- Riesgos químicos: UNE-EN 16523-1:2015+A1:2018 (Ratificada). Determinación de la resistencia de los materiales a la permeabilidad de los productos químicos. Parte 1: Permeabilidad por un producto químico líquido en condiciones de contacto continuo.

- Permeabilidad por un producto químico líquido en condiciones de contacto continuo.

Para la **elección del EPI adecuado** hemos de tener en cuenta (a modo de resumen):

- **Información sobre las sustancias.** Para la evaluación de un riesgo químico por contacto y/o absorción cutánea será necesario: identificar las sustancias, su toxicidad, potencia y los efectos en caso de interacción con la piel. Para ello podemos acudir a:

  - La lista de los límites de exposición profesional (LEP). INSST. Año: 2024.

  - Etiqueta y fichas de datos de seguridad (FDS). Especialmente si existen indicaciones de peligro y pictogramas relacionados con la piel.

  - Observación de los procedimientos realizados por las personas trabajadoras.

  - Observación de las condiciones ambientales.

  - Manifestaciones de las propias personas trabajadoras y su experiencia.

- **Condiciones de uso y trabajo.** El procedimiento de trabajo y la toxicidad de los productos utilizados determinarán también la protección que debe aportar el EPI. Otros aspectos para contemplar en la evaluación serán:

  - Necesidades de flexibilidad o de evitar sudor.

  - Concentración del producto.

- Posibilidad de salpicaduras accidentales o contacto a través de guantes o herramientas.

- Etcétera.

– **Riesgo dérmico.** Cuando alguno de los agentes utilizados se puede absorber por vía cutánea, sea por la manipulación directa (sólido, líquido) del mismo, sea a través del contacto de los gases, vapores y nieblas con las partes desprotegidas de la piel y cuya aportación puede resultar significativa al contenido corporal total del trabajador, la medición de la concentración ambiental puede no ser suficiente para cuantificar la exposición global por lo que resulta particularmente importante la utilización del control biológico. En este caso, los agentes aparecen señalados en la lista con la notación «vía dérmica» [anexo I del Real Decreto 374/2001, de 6 de abril]. Esta llamada advierte, por una parte, de que la medición de la concentración ambiental puede no ser suficiente para cuantificar la exposición global y, por otra, de la necesidad de adoptar medidas para prevenir la absorción dérmica. Hay algunos agentes químicos para los cuales la absorción por vía dérmica, tanto en estado líquido como en fase de vapor, puede ser muy elevada, pudiendo ser esta vía de entrada de igual o mayor importancia incluso que la vía inhalatoria (por ejemplo, 2-metoxietanol, 2-etoxietanol y sus acetatos, y los plaguicidas organofosforados). En estas circunstancias, la utilización del control biológico es imprescindible para poder cuantificar la cantidad global absorbida de contaminante. («Límites de exposición profesional (LEP) para agentes químicos en España. INSST. Año: 2024»).

– **Riesgos existentes.** Los diferentes tipos de riesgos que existan determinarán el tipo de EPI:

- Riesgos mecánicos (cortes, desgarros, rozamiento, atrapamiento en partes giratorias, pinchazos, etcétera).

- Riesgos térmicos (frío, calor, proyección de metales en fusión, etcétera).

- Riesgos químicos y biológicos (disolventes, ácidos, bases, agentes patógenos, etcétera).

- Riesgos eléctricos (contactos eléctricos, descargas electrostáticas, etcétera).

- Vibraciones (herramientas vibratorias, piezas vibratorias accionadas a mano, etcétera).

- Radiaciones ionizantes (rayos X, rayos UV, etcétera).

CUESTIONES

1. ¿Los guantes de protección deberán llevar el marcado CE de conformidad?

Sí. Cuando se trate de un EPI deben cumplir el Reglamento 2016/425.

2. ¿Los guantes deberán contar con un folleto informativo?

Sí. Entre otra información mínima, cuando el guante de protección se comercialice, debe proporcionarse (NTP 1.177: Guantes de protección: requisitos generales. INSST. Año: 2023):

– Nombre y dirección completa del fabricante o su representante autorizado.

– Designación del guante, como en los apartados anteriores sobre marcado y embalaje.

– Información sobre el rango de tallas disponible y, cuando se haya empleado un sistema de tallas diferente al recogido en la Norma UNE-EN ISO 21420, la explicación del mismo.

– Referencia a la norma o normas específicas empleadas en la certificación del guante, con su año de publicación.

– El pictograma o pictogramas indicando las categorías de riesgo, seguidos de los niveles de prestación.

– Una explicación básica para facilitar la comprensión de los niveles de prestación. etc.

3. ¿Qué información deberá acompañar a cada prenda de protección que se comercialice?

1. Nombre (u otro medio de identificación) y dirección completa del fabricante o de su representante autorizado.

2. Designación del tipo de ropa, nombre comercial o código.

3. Referencia de la norma.

4. Pictogramas y niveles de prestación, con una explicación básica.

5. Constituyentes principales de todas las capas de la ropa de protección.

6. Instrucciones de uso según la norma específica.

7. Advertencia en caso de ropa de protección de un solo uso.

8. Necesidad de accesorios y repuestos o especificaciones sobre el embalaje adecuado para el transporte (si son pertinentes).

9. Instrucciones para el reciclado, destrucción y eliminación.

Criterios de uso y recomendaciones de los EPI para el cuerpo y las manos

Está establecido un **sistema para asignar la talla** a las prendas de protección independientemente del nombre/número, etcétera, que el fabricante utilice. Este sistema consiste en asignar 2 dimensiones de control que permitirán definir el cuerpo humano al que la prenda se adapta, siempre dentro de unos intervalos.

Las dimensiones de control dependen del tipo de prenda y, en cualquier caso, el fabricante puede dar información de otras dimensiones adicionales si lo estima conveniente. Las dimensiones de control para los distintos tipos de prendas son:

Ropa de protección	Dimensiones de control
Chaqueta, chaquetón, chaleco.	Pecho/busto y altura.
Pantalones.	Cintura y altura.
Mono.	Pecho/busto y altura.
Mandil.	Cintura o pecho/busto y altura.
Equipo protector (busto o cintura o ras, espalderas, etcétera).	Pecho/busto o cintura o altura o peso o distancia cintura-cintura sobre hombros.

La ropa deberá llevar marcados los intervalos correspondientes a las dimensiones de control en centímetro.

Al elegir la talla, habrá también que considerar el tipo de ropa que el trabajador llevará puesta bajo la ropa de protección.

Con relación a los guantes, algunas recomendaciones de interés serán:

- Conservación limpios y secos.

- Limpieza siguiendo las recomendaciones del fabricante.

- En caso de que el material no sea desechable, comprobar periódicamente si presentan rotos, agujeros o dilataciones.

- En caso de guantes para la protección frente a productos químicos:

  • Sustitución periódica.

  • Correcta limpieza para evitar acumulación de contaminantes.

Como en todo EPI, se recomienda cumplimentar una **lista de control**.

CUESTIONES

1. ¿Qué normas generales hemos de utilizar para el uso adecuado de los guantes?

En función de las especificaciones de cada caso:

1. Adaptar el tipo de guante en función de la tarea a realizar.

2. Seguir una serie de pautas para su colocación como: no tener anillos, relojes, etcétera.

3. Realizar una correcta higiene de las manos antes y después de su uso y mantener su función de esterilidad.

4. Seguir las pautas marcadas por el servicio de prevención para su retirada y desecho, etcétera.

2. ¿Cómo sabemos las talla adecuada de las manos para la elección de los guantes?

Talla del guante	Circunferencia de la mano (mm)	Longitud de la mano (mm)
4	101	<160
5	127	<160
6	152	160
7	178	171
8	203	182
9	229	192
10	254	204
11	279	215
12	304	>215
13	329	>215

DOCUMENTACIÓN DE INTERÉS

- Límites de exposición profesional (LEP) para agentes químicos en España. INSST. Año: 2021.
- Guía para la evaluación y prevención de los riesgos relacionados con los agentes químicos presentes en los lugares de trabajo. INSST. Año 2001.
- Guía orientativa para la selección y utilización de guantes de protección. INSST.
- Guía orientativa para la selección y utilización de ropa de protección. INSST. Año 1999.
- NTP 1171: Ropa de protección: requisitos generales. INSST. Año: 2022.
- NTP 697: Exposición a contaminantes químicos por vía dérmica. INSST. Año: 2001.
- NTP 1.177: Guantes de protección: requisitos generales. INSST. Año: 2023.
- NTP 748: Guantes de protección contra productos químicos. INSST. Año: 2007.
- NTP 336: Absorción de sustancias químicas por la piel. INSST. Año 1994.

Guantes

- NTP 180: Los guantes en la prevención de las dermatosis profesionales. INSST. Año 1986.
- NTP 258: Prevención de riesgos en demoliciones manuales. INSST. Año 1987.
- NTP 166: Dermatosis por agentes químicos: Prevención. INSST. Año 1986.
- NTP 571: Exposición a agentes biológicos: Equipos de protección individual. INSST. Año: 2000.
- NTP 572: Exposición a agentes biológicos. La gestión de equipos de protección individual en centros sanitarios. INSST. Año: 2000.
- UNE-EN 1149-3:2004. Ropas de protección. Propiedades electrostáticas. Parte 3: Métodos de ensayo para determinar la disipación de la carga.
- UNE-EN 1149-1:2007. Ropas de protección. Propiedades electrostáticas. Parte 1: Método de ensayo para la medición de la resistividad de la superficie.
- UNE-EN ISO 21420:2020. Guantes de protección. Requisitos generales y métodos de ensayo. (ISO 21420:2020).
- UNE-EN 388:2016+A1:2018 (Ratificada). Guantes de protección contra riesgos mecánicos.
- UNE-EN ISO 374-1:2016/A1:2018 (Ratificada). Guantes de protección contra los productos químicos y los microorganismos. Parte 1: Terminología y requisitos de prestaciones para riesgos químicos. Modificación 1. (ISO 374-1:2016/Amd 1:2018).
- UNE-EN ISO 374-2:2020. Guantes de protección contra los productos químicos y los microorganismos. Parte 2: Determinación de la resistencia a la penetración. (ISO 374-2:2019).
- UNE-EN ISO 374-5:2016 (Ratificada). Guantes de protección contra los productos químicos y los microorganismos peligrosos. Parte 5: Terminología y requisitos de prestaciones para riesgos por microorganismos. (ISO 374-5:2016).

- UNE-EN 455-2:2015. Guantes médicos para un solo uso. Parte 2: Requisitos y ensayos para la determinación de las propiedades físicas.
- UNE-EN 407:2020 (Ratificada). Guantes de protección y otros equipos de protección para las manos contra riesgos térmicos (calor y/o fuego).
- ISO 18889:2019. Protective gloves for pesticide operators and re-entry workers - Performance requirements.
- UNE-EN ISO 11393-4:2019 (Ratificada). Ropas de protección para usuarios de sierras de cadena accionadas a mano. Parte 4: Métodos de ensayo y requisitos para guantes de protección. (ISO 11393-4:2018).
- UNE-EN 60903:2005. Trabajos en tensión. Guantes de material aislante.

Soldeo y procesos afines

- UNE-EN ISO 11611:2018. Ropa de protección utilizada durante el soldeo y procesos afines.

Ropa de protección

- NTP 269. Cancerígenos, mutágenos y teratógenos: manipulación en el laboratorio. INSST. Año 1991.
- UNE-EN 14058:2017+A1:2023. Ropa de protección. Prendas para protección contra ambientes fríos. (Ratificada en junio de 2023).
- UNE-EN ISO 13997:2024. Ropa de protección. Propiedades mecánicas. Determinación de la resistencia al corte por objetos afilados. (ISO 13997:2023).
- UNE-EN 348:1994. Ropas de protección. Método de ensayo: determinación del comportamiento de los materiales al impacto de pequeñas salpicaduras de metal fundido. (Versión oficial EN 348:1992).
- UNE-EN 348:1994 ERRATUM. Ropas de protección. Método de ensayo: determinación del comportamiento de los materiales al impacto de pequeñas salpicaduras de metal fundido. (Versión oficial EN 348:1992+ EN 348/AC:1993).
- UNE-EN ISO 6942:2023. Ropa de protección. Protección contra el calor y el fuego. Método de ensayo: Evaluación de materiales y conjuntos de materiales cuando se exponen a una fuente de calor radiante. (ISO 6942:2022).
- UNE-EN ISO 9151:2018. Ropa de protección contra el calor y la llama. Determinación de la transmisión de calor en exposición a una llama. (ISO 9151:2016, versión corregida 2017-03).
- UNE-EN ISO 12127-1:2018. Ropa de protección contra el calor y la llama. Determinación de la transmisión de calor por contacto a través de la ropa de protección o sus materiales constituyentes. Parte 1: Transmisión térmica por contacto producida por un cilindro caliente. (ISO 12127-1:2015).
- UNE-EN ISO 11612:2018. Ropa de protección. Ropa de protección contra el calor y la llama. Requisitos mínimos de rendimiento. (ISO 11612:2015).
- UNE-EN ISO 6942:2023. Ropa de protección. Protección contra el calor y el fuego. Método de ensayo: Evaluación de materiales y conjuntos de materiales cuando se exponen a una fuente de calor radiante. (ISO 6942:2022).
- UNE-EN 1082-1:1997. Ropa de protección. Guantes y protectores de los brazos contra los cortes y pinchazos producidos por cuchillos de mano. Parte 1: Guantes de malla metálica y protectores de los brazos.
- UNE-EN ISO 13998:2004. Ropas de protección. Mandiles, pantalones y chalecos protectores contra los cortes y pinchazos producidos por cuchillos manuales (ISO 13998:2003).

- UNE-EN ISO 13688:2013. Ropa de protección. Requisitos generales. Modificación 1 (ISO 13688:2013/Amd 1:2021). (Modificada por UNE-EN ISO 13688:2013/A1:2021).
- UNE-EN 342:2017 (Ratificada). Ropas de protección. Conjuntos y prendas de protección contra el frío.
- UNE-EN 343:2019 (Ratificada). Ropa de protección. Protección contra la lluvia.
- UNE-EN ISO 20471:2013. Ropa de alta visibilidad. Métodos de ensayo y requisitos. (ISO 20471:2013).
- UNE-EN 510:2019. Especificaciones de ropas de protección contra los riesgos de quedar atrapado por las piezas de las máquinas en movimiento.
- UNE-EN ISO 13688:2013. Ropa de protección. Requisitos generales. Modificación 1 (ISO 13688:2013/Amd 1:2021).
- UNE-EN 943-1:2015+A1:2019. Ropa de protección contra productos químicos, líquidos y gaseosos, incluyendo aerosoles líquidos y partículas sólidas. Parte 1: Requisitos de prestaciones de los trajes de protección química, ventilados y no ventilados, herméticos a gases (Tipo 1) y no herméticos a gases (Tipo 2).
- UNE-EN 14605:2005+A1:2009. Ropas de protección contra productos químicos líquidos. Requisitos de prestaciones para la ropa con uniones herméticas a los líquidos (tipo 3) o con uniones herméticas a las pulverizaciones (tipo 4), incluyendo las prendas que ofrecen protección únicamente a ciertas partes del cuerpo (Tipos PB [3] y PB [4]).
- UNE-EN 943-2:2019. Ropa de protección contra productos químicos, líquidos y gaseosos, incluyendo aerosoles líquidos y partículas sólidas. Parte 2: Requisitos de prestaciones de los trajes de protección química, herméticos a gases (Tipo 1), destinados a equipos de emergencia (ET).
- UNE-EN ISO 13982-1:2005/A1:2011. Ropa de protección para uso contra partículas sólidas. Parte 1: Requisitos de prestaciones para la ropa de protección química que ofrece protección al cuerpo completo contra partículas sólidas suspendidas en el aire. (Ropa de tipo 5). (ISO 13982-1:2004/AM 1:2010).
- UNE-EN 13034:2005+A1:2009. Ropa de protección contra productos químicos líquidos. Requisitos de prestaciones para la ropa de protección química que ofrece protección limitada contra productos químicos líquidos (equipos del tipo 6).
- UNE-EN ISO 27065:2017. Ropa de protección. Requisitos de rendimiento para la ropa de protección de los operadores que aplican líquidos pesticidas y para los trabajadores expuestos a estos pesticidas aplicados (ISO 27065:2017).
- UNE-EN 14126:2004. Ropa de protección. Requisitos y métodos de ensayo para la ropa de protección contra agentes biológicos.
- UNE-EN 1149-5:2018. Ropas de protección. Propiedades electrostáticas. Parte 5: Requisitos de comportamiento de material y diseño.
- UNE-EN 50286:2000. Ropa aislante de protección para trabajos en instalaciones de baja tensión.
- UNE-EN IEC 60895:2020. Trabajos en tensión. Ropa conductora.
- UNE-EN 510:2019. Especificaciones de ropas de protección contra los riesgos de quedar atrapado por las piezas de las máquinas en movimiento.

3.1.7. EPI para la protección de la piel y mejorar visibilidad usuario

La utilización de cremas solares como EPI en el trabajo requiere la selección basada en riesgos y la utilización en paralelo de prendas y medios de protección de la piel adecuados.

La PRL abarca los riesgos derivados de la exposición al calor y a la radiación UV. A pesar de que la seguridad de los trabajadores debe enfatizarse dentro de la evaluación de riesgos en la limitación de la exposición y la formación e información necesarias, teniendo en cuenta la importancia de la protección solar en el entorno laboral, analizamos la influencia de los EPI en este campo.

A TENER EN CUENTA. Con efectos de 13/05/2023 (entrada en vigor de las modificaciones operadas por el Real Decreto-ley 4/2023, de 11 de mayo), las actividades al aire libre quedarán prohibidas cuando la Agencia Estatal de Meteorología (AEMET) active la alerta naranja o roja siempre que las empresas afectadas hayan determinado que las medidas preventivas previstas habilitadas no garanticen la protección de las personas trabajadoras.

Prendas y medios de protección de la piel

Determinados trabajos como la manipulación con revestimientos, utilización de productos o sustancias que puedan afectar a la piel o penetrar a través de ella, trabajos de curtido, etc. harán necesaria la utilización de prendas y medios de protección de la piel.

‖ Cremas y lociones barrera como EPI para la protección de la piel

No todas las cremas solares pueden clasificarse automáticamente como equipos de protección individual. En determinadas circunstancias, como resultado de la evaluación de riesgos, se podrían utilizar las cremas y/o lociones barrera junto con otros EPI a fin de proteger la piel de los trabajadores frente a los riesgos correspondientes. Tales cremas y lociones se consideran EPI en determinadas circunstancias conforme al anexo II del Real Decreto 773/1997, de 30 de mayo. Sin embargo, las cremas barrera no se consideran EPI según lo previsto en el artículo 3, punto 1, del Reglamento (UE) n.º 2016/425.

Podría haber cremas y lociones barrera para proteger contra:

- Radiación no ionizante (radiación UV, IR, solar o de soldadura).
- Radiación ionizante.
- Productos químicos.
- Riesgos biológicos.
- Riesgos térmicos (calor, llamas y frío).

Si los resultados de la evaluación de riesgos determinan la necesidad de utilizar protección contra la radiación solar, la misma definirá los puestos de trabajo que requieran la aplicación de crema de protección solar, el grado de protección necesario y las condiciones de uso. Este proceso tomará en cuenta factores como la resistencia al sudor y la frecuencia de aplicación para garantizar una protección eficaz.

La eficacia de las cremas de protección solar depende en gran medida de su correcta aplicación, recomendándose su uso conforme a las directrices de la Agencia Española de Medicamentos y Productos Sanitarios (AEMPS). Para una protección continua, es necesario reaplicar la crema cada dos horas, especialmente después de sudar o secarse con una toalla. (Preguntas técnicas frecuentes. INSST).

A TENER EN CUENTA. El uso de la crema solar no debe sustituir otras medidas de protección necesarias en entornos laborales como la ropa de protección adecuada y la limitación de la exposición directa al sol.

‖ Prendas de protección contra el calor

Con carácter general encontraremos ropa de protección para el cuerpo (tronco, brazos y piernas) asociada a distintos riesgos detectados en la evaluación. Estos PI no suelen englobar lo los que podríamos denominar «calor estival» o impacto de la radiación UV procedente del sol. Esto obliga a realizar un sobreesfuerzo a la hora de seleccionar los EPI teniendo en cuenta el que mejor disipe el calor por sudoración.

Cualquier EPI previsto para su utilización al sol deberá ser amplio, ligero y con valores de resistencia al vapor de agua lo más bajos posibles para permitir la refrigeración del organismo.

A TENER EN CUENTA. Como analizamos al tratar los EPI para la protección de cuerpo y manos, la «NTP 1171. **Ropa de protección: requisitos generales. INSST. Año 2022**» (a modo de referencia), enumera las normas específicas de ropa de protección con la norma técnica de referencia y, en su caso, los pictogramas asociados.

‖ Protección en ambientes fríos (hasta -5.° C)

La *norma «UNE-EN 14058:2017+A1:2023. Ropa de protección. Prendas para protección contra ambientes fríos»* (ratificada en junio de 2023) es fundamental en la protección de trabajadores en ambientes fríos moderados, definiendo los requisitos para el vestuario que garantiza tanto la seguridad como la comodidad bajo temperaturas de hasta -5 °C. Esta normativa abarca aspectos críticos como el aislamiento térmico, la transpirabilidad y la resistencia al viento, asegurando que las prendas de protección cumplan con los estándares necesarios para enfrentar el frío.

Las prendas se clasifican en tres clases según su nivel de aislamiento térmico, desde la Clase 1, que ofrece el menor aislamiento, hasta la Clase 3, que proporciona el máximo nivel de protección contra el frío.

A TENER EN CUENTA. Para condiciones de frío más extremas, con temperaturas inferiores a -5.º C, se debe consultar la norma *«UNE-EN 342:2017. Ropas de protección. Conjuntos y prendas de protección contra el frío»*, que se aplica a categorías de protección más elevadas (CAT. II y III).

DOCUMENTACIÓN DE INTERÉS

- NTP 1171: Ropa de protección: requisitos generales. INSST. Año 2022.

- UNE-EN 13758-1:2002+A1:2007. Textiles. Propiedades protectoras frente a la radiación solar ultravioleta. Parte 1: Método de ensayo para tejidos de indumentaria.

- UNE-EN 13758-2:2003+A1:2007. Textiles. Propiedades protectoras frente a la radiación solar ultravioleta. Parte 2: Clasificación y marcado de la indumentaria.

- UNE-EN ISO 11612:2018. Ropa de protección. Ropa de protección contra el calor y la llama. Requisitos mínimos de rendimiento.

- UNE-EN ISO 13688:2013. Ropa de protección. Requisitos generales (ISO 13688:2013).

- UNE-EN 14058:2017+A1:2023. Ropa de protección. Prendas para protección contra ambientes fríos.

CUESTIONES

1. ¿Qué normativa deben cumplir los fotoprotectores?

El Reglamento (CE) n.º 1223/2009 del Parlamento Europeo y del Consejo, de 30 de noviembre de 2009, sobre los productos cosméticos.

2. La eficacia de los fotoprotectores depende de su correcta aplicación y reaplicación, ¿qué cantidad debe aplicarse?

Con carácter general, sobre la piel corresponderá aplicar $2mg/cm^2$.

3. ¿Cuáles son los efectos de la exposición al calor?

Los trabajadores expuestos a condiciones de calor excesivo pueden experimentar una serie de efectos adversos, que van desde el síncope por calor hasta el golpe de calor, siendo este último una emergencia médica que puede resultar fatal. Estos efectos son consecuencia de un desequilibrio hídrico y electrolítico, insuficiencia circulatoria, y falla en la termorregulación del cuerpo.

EPI para mejorar visibilidad usuario

La seguridad en entornos laborales con vehículos o maquinaria en movimiento es crucial, y una medida efectiva para prevenir atropellos es el uso de prendas de alta visibilidad. Estas prendas, reguladas por normativas específicas, utilizan materiales fluorescentes y retrorreflectantes para mejorar la percepción visual del peatón en condiciones diurnas y nocturnas.

|| Norma UNE-EN ISO 20471:2013/A1:2017

La norma UNE-EN ISO 20471:2013/A1:2017 establece los requisitos para la ropa de alta visibilidad establecida para situaciones de alto riesgo.

La normativa EN ISO 20471 clasifica la ropa de alta visibilidad en **tres niveles de protección**:

- **Clase 1:** destinada a entornos con tráfico inferior a 40 km/h, requiere 0,14 m^2 de material fluorescente, 0,10 m^2 de material retrorreflectante y 0,20 m^2 de material combinado. Ej.: personal de almacenes o parking.

- **Clase 2:** para condiciones meteorológicas adversas y tráfico superior a 40 km/h, necesita al menos 0,50 m^2 de material fluorescente y 0,13 m^2 de material retrorreflectante. Ej.: trabajadores en aeropuertos, puertos, recogida de basura o grandes parkings, etc.

- **Clase 3:** el nivel más alto de protección, para emergencias y tráfico superior a 80 km/h, con 0,80 m^2 de material fluorescente y 0,20 m^2 de material retrorreflectante. Ej.: trabajadores sanitarios, cuerpos de seguridad y personal de construcción de carreteras.

CUESTIÓN

Si una comunidad autónoma regula la uniformidad de su policía local, ¿debe aplicarse la norma UNE-EN ISO 20471:2013/A1:2017 o el decreto de homogeneización y homologación de la uniformidad

La UNE-EN ISO 20471:2013/A1:2017 se aplicará en aquellos aspectos que no contradigan a lo establecido en el decreto de la comunidad autónoma, debiendo prevalecer lo dispuesto en éste.

‖ Norma EN 17353:2020

La **norma EN 17353:2020** establece las **características de la ropa de trabajo con visibilidad mejorada para situaciones de riesgo medio y bajo.**

Esta normativa establece requisitos para el área mínima de material fluorescente y reflectante en la ropa de trabajo, con el objetivo de aumentar la visibilidad del usuario. Se distinguen **tres tipos** de productos según el nivel de protección que ofrecen:

- **Tipo A:** Protección durante la luz diurna con una cantidad mínima de material fluorescente.

- **Tipo B:** Protección durante la tarde y noche, con variantes que incluyen reflectantes sueltos (B1), reflectantes extraíbles o fijos en piernas y mangas (B2), o requisitos mínimos para materiales reflectantes en torso y piernas/mangas (B3).

- **Tipo AB:** Protección completa en todas las condiciones de iluminación, combinando materiales fluorescentes y reflectantes.

CUESTIÓN

Un uniforme de trabajo, ¿puede ser considerado un EPI?

Todas las prendas de trabajo que no protejan de ningún riesgo y que únicamente sean utilizadas para preservar la ropa personal o con propósitos de uniformidad como elemento diferenciador de un colectivo no son consideradas EPI a efectos del RD 773/1997, de 30 de mayo. Sin embargo, cuando el uniforme de un determinado colectivo incorpore algún tipo de protección específica contra un riesgo (ej.: ropa del personal de los servicios de jardinería que lleven elementos de alta visibilidad) que pueda amenazar su seguridad y su salud, dichos uniformes estarán incluidos dentro del ámbito de aplicación de RD 773/1997.

DOCUMENTACIÓN DE INTERÉS

- UNE-EN ISO 13688:2013. Ropa de protección. Requisitos generales (ISO 13688:2013).
- UNE-EN ISO 20471:2013/A1:2017. Ropa de alta visibilidad. Métodos de ensayo y requisitos. Modificación 1 .(ISO 20471:2013/Amd 1:2016).
- UNE-EN 17353:2020. Ropa de protección. Equipo de visibilidad realzada para situaciones de riesgo medio. Requisitos y métodos de ensayo.

3.1.9. EPI de protección anticaídas

El Real Decreto 2177/2004, de 12 de noviembre, modificó el Real Decreto 1215/1997, de 18 de julio, a fin de introducir las disposiciones mínimas de seguridad y salud para la utilización por los trabajadores de equipos en trabajos temporales en altura.

Disposiciones mínimas de seguridad y salud para la utilización de equipos en trabajos en altura

Los trabajos en altura, definidos como aquellos realizados por encima de un nivel de referencia donde existe riesgo de caída, requieren medidas de seguridad específicas para prevenir accidentes. La «NTP 1170: Utilización de EPI en trabajos con riesgo de caída de altura. INSST. Año 2022» establece que cualquier trabajo con riesgo de **caída superior a 2 metros** necesita protección contra caídas, aunque también se recomienda para alturas menores.

Los **trabajos con riesgo de caída de altura** pueden ser de diversa naturaleza y muy diferentes entre sí, por lo que las soluciones que garanticen la seguridad y eviten caídas que deban plantearse, en cada caso, serán también diversas.

El **Real Decreto 1215/1997, de 18 de julio,** por el que se establecen las disposiciones mínimas de seguridad y salud para la utilización por los trabajadores de los equipos de trabajo, dispone las siguientes disposiciones mínimas de seguridad y salud para la utilización por los trabajadores de equipos en trabajos temporales en altura:

- Los equipos de trabajo y sus elementos deberán estar estabilizados.
- Ante riesgo de caída de altura de más de 2 m, los equipos de trabajo deberán disponer de barandillas o sistema equivalente, resistentes, de una altura mínima de 90 cm, protección intermedia y rodapié (no para escaleras de mano y sistemas con cuerdas).
- Las escaleras de mano, los andamios y los sistemas con cuerdas deberán tener resistencia y los elementos necesarios de apoyo o sujeción.

- Las escaleras de mano se usarán solo para situaciones de bajo nivel de riesgo.
- Las escaleras de tijera tendrán elementos de seguridad que impidan su apertura al ser utilizadas.
- Esos trabajos solo podrán efectuarse cuando las condiciones meteorológicas no pongan en peligro la salud y la seguridad de los trabajadores.
- Disposiciones específicas sobre el uso de escaleras de mano, andamios y técnicas de acceso y de posicionamiento mediante cuerdas.

DOCUMENTACIÓN DE INTERÉS

- Guía técnica para la utilización por los trabajadores de equipos de protección individual. INSST. Año 2022.
- NTP 682: Seguridad en trabajos verticales (I): equipos. INSST. Año 2005.
- NTP 683: Seguridad en trabajos verticales (II): técnicas de instalación. INSST. Año 2005.
- NTP 684: Seguridad en trabajos verticales (III): técnicas operativas. INSST. Año 2005.
- NTP 202: Sobre el riesgo de caída de personas a distinto nivel. INSST. Año 1989.
- NTP 239: Escalera manuales. INSST. Año 1989.
- NTP 516: Andamios perimetrales fijos. INSST. Año 1999.
- NTP 669: Andamios de trabajo prefabricados (I): normas constructivas. INSST. Año 2004.
- NTP 670: Andamios de trabajo prefabricados (II): montaje y utilización. INSST. Año 2004.
- NTP 695: Torres de trabajo móviles (I): normas constructivas. INSST. Año 2005.
- NTP 696: Torres de trabajo móviles (II): montaje y utilización. INSST. Año 2005.
- NTP 774. Sistemas anticaídas. Componentes y elementos. INSST. Año 2007.
- NTP 789. Ergonomía en trabajos verticales: el asiento. INSST. Año 2008.
- NTP 969: Andamios colgados móviles de accionamiento manual (I): normas constructivas. INSST. Año 2013.
- NTP 809: Descripción y elección de dispositivos de anclaje. INSST. Año 2008.
- NTP 970: Andamios colgados móviles de accionamiento manual (II): normas de montaje y utilización. INSST. Año 2016.
- NTP 976: Andamios colgados móviles de accionamiento motorizado (I). INSST. Año 2014.
- NTP 1015: Andamios tubulares de componentes prefabricados (I): normas constructivas. INSST. Año 2014.
- NTP 1016: Andamios de fachada de componentes prefabricados (II): normas montaje y utilización. INSST. Año 2014.
- NTP 1110. Seguridad en trabajos verticales (III): equipos del sistema de acceso mediante cuerdas. INSST. Año 2018.
- NTP 2018. Seguridad en los trabajos de poda en árboles (I). INSST. Año 2018.
- NTP 1170: Utilización de EPI en trabajos con riesgo de caída de altura. INSST. Año 2022.

Utilización de EPI en trabajos con riesgo de caída de altura

El Real Decreto 1215/1997, de 18 de julio, fija una serie de disposiciones relativas a la utilización de los equipos de trabajo para la realización de trabajos temporales en altura. Complementando esa información, la *«Guía técnica para la utilización por los trabajadores en el trabajo de los equipos de protección individual. INSST. Año 2022»* y la *«NTP 1.170. Utilización de EPI en trabajos con riesgo de caída. INSST. Año 2022»*, describen los principales tipos de trabajo que conllevan un riesgo asociado de caída de altura y sus características, así como los sistemas de protección individual contra caídas de altura más apropiados para cada tipo de trabajo (arneses de seguridad, cinturones anticaídas, equipos varios anticaídas y equipos con freno «absorbente de energía cinética») son recogidos

Los equipos de protección individual contra caídas de altura deben utilizarse cuando exista riesgo de que las personas usuarias sufran una caída desde distinto nivel, siempre que los riesgos presentes en el lugar de trabajo no se hayan podido evitar a través de la implantación de métodos o procedimientos de organización del trabajo seguros, así como medidas técnicas (incluyendo protecciones colectivas).

Los trabajos con riesgo de caída de altura pueden ser de diversa naturaleza y muy diferentes entre sí, por lo que las soluciones que garanticen la seguridad y eviten caídas que deban plantearse, en cada caso, serán también serán diversas. Entre los principales **tipos de trabajos** con riesgo de caída de altura, nos encontramos los siguientes:

- **Planos inclinados:** se deben usar sistemas de sujeción y anticaídas, especialmente en superficies inclinadas como cubiertas o rampas, donde hay riesgo de deslizamiento o caída a través de huecos.

- **Torres/Postes:** comunes en sectores energéticos y de telecomunicaciones, requieren sistemas anticaídas para el ascenso y descenso, así como sistemas de sujeción para el trabajo en el punto de trabajo.

- **Desniveles en terrenos (taludes):** en entornos naturales, se utilizan sistemas de sujeción o suspensión, con dispositivos de anclaje móviles a elementos naturales. Las condiciones climáticas adversas aumentan el riesgo de deslizamiento.

- **Trabajos en tensión o suspensión:** utilizan técnicas de acceso y posicionamiento mediante cuerdas, con dos líneas separadas para trabajo y seguridad, conectadas a un arnés combinado.

- **Otros (poda y tala de árboles):** se emplean técnicas de trepa y dispositivos anticaídas, con consideraciones especiales para evitar daños a los equipos de seguridad por herramientas de corte.

- **Trabajos en plataformas en altura o cerca de bordes:** se deben tomar precauciones en plataformas sin barandillas o petos, utilizando equipos de protección adecuados.

Entre los diferentes sistemas de protección individual contra caídas —diseñados para prevenir o detener las caídas libres, todos ellos están compuestos por un dispositivo de prensión del cuerpo que se conecta a un punto de anclaje mediante un sistema de conexión—, destacamos (*«Guía técnica para la utilización por los trabajadores de equipos de protección individual. INSST. Año 2022»*):

- **Sistema anticaídas:** su función es detener la caída libre y limitar la fuerza de impacto, aunque no previene la caída en sí. Está compuesto por un arnés anticaídas y un sistema de conexión con absorción de energía, como un absorbedor de energía (UNE-EN 355:2002) o un dispositivo anticaídas retráctil (UNE-EN 360:2023). Se debe verificar el espacio libre requerido bajo el usuario para su uso seguro. La *«NTP 774: Sistema anticaídas. Componentes y elementos. INSST. Año 2007»* ofrece información detallada sobre estos sistemas.

- **Sistema de retención:** evita que el trabajador alcance zonas con riesgo de caída. Se compone de dispositivos de prensión del cuerpo y sistemas de conexión que limitan el avance del usuario, como cinturones de sujeción y arneses anticaídas. Es crucial ajustar la longitud del sistema de conexión para prevenir el acceso a zonas peligrosas.

- **Sistema de sujeción o posicionamiento en el trabajo:** permite al usuario posicionarse adecuadamente para trabajar con ambas manos libres. Incluye dispositivos de prensión del cuerpo y equipos de amarre o sujeción fijados a estructuras o puntos de anclaje. No está diseñado para detener caídas, por lo que si hay riesgo de caída, debe complementarse con un sistema anticaídas.

- **Sistema de acceso mediante cuerda:** conocidos como «trabajos verticales», estos sistemas incluyen dos líneas, de trabajo y de seguridad, conectadas a un arnés combinado. Se utilizan dispositivos de regulación de cuerda (UNE-EN 12841:2024) o un dispositivo anticaídas deslizante sobre línea de anclaje flexible (UNE-EN 353-2:2002).

- **Sistema de rescate:** traslada a una persona accidentada a un lugar seguro o permite el autorrescate. Compuesto por un dispositivo de prensión del cuerpo y un sistema de rescate conectado a un punto de anclaje. Los componentes de este sistema, a excepción de los destinados al autorrescate, no se consideran equipos de protección individual (EPI) según el Reglamento (UE) 2016/425. El Real Decreto 773/1997, de 30 de mayo, regula las disposiciones mínimas de seguridad y salud para la utilización de EPI por los trabajadores.

A TENER EN CUENTA. La selección de un EPI contra caídas de altura requiere un conocimiento amplio del puesto de trabajo, estableciéndose en la preceptiva evaluación de riesgos. Por ello La información contenida en la reiterada *«NTP 1.170. Utilización de EPI en trabajos con riesgo de caída. INSST. Año 2022»* debe completarse con la contenida en las referencias citadas como documentos de interés.

DOCUMENTACIÓN DE INTERÉS

- NTP 774. Sistemas anticaídas. Componentes y elementos. Año 2007. INSST.
- NTP 789. Ergonomía en trabajos verticales: el asiento. Año 2008. INSST.
- NTP 809. Descripción y elección de dispositivos de anclaje. Año 2008. INSST.

- NTP 1110. Seguridad en trabajos verticales (III). Equipos del sistema de acceso mediante cuerdas. Año 2018. INSST.

- NTP 1119 Seguridad en los trabajos de poda en árboles (I). Año 2018. INSST.

- Folleto: Trabajar sin caídas: Equipos de protección individual contra caídas de altura. Año 2018. INSST.

- Fichas de selección y uso de equipos de protección contra caídas de altura. Año 2016. INSST.

- Folleto Trabajos en cubiertas. Lo importante es bajar con vida. Año 2019. INSST.

- UNE-EN 363:2018. Equipos de protección individual contra caídas. Sistemas de protección contra caídas.

- UNE-EN 365:2005. Equipo de protección individual contra las caídas de altura. Requisitos generales para las instrucciones de uso, mantenimiento, revisión periódica, reparación, marcado y embalaje.

- UNE-EN 353-1:2014+A1:2017. Equipos de protección individual contra caídas de altura. Dispositivos anticaídas deslizantes sobre línea de anclaje rígida.

- UNE-EN 353-2:2002. Equipos de protección individual contra caídas de altura. Dispositivos anticaídas deslizantes sobre línea de anclaje flexible.

- UNE-EN 354:2011. Equipos de protección individual contra caídas. Equipos de amarre.

- UNE-EN 355:2002. Equipos de protección individual contra caídas de altura. Absorbedores de energía.

- UNE-EN 358:2018. Equipo de protección individual para sujeción en posición de trabajo y prevención de caídas de altura. Cinturones y equipos de amarre para posicionamiento de trabajo o de retención.

- UNE-EN 360:2023. Equipos de protección individual contra caídas de altura. Dispositivos anticaídas retráctiles. (Ratificada en abril de 2024)

- UNE-EN 361:2002. Equipos de protección individual contra caídas de altura. Arneses anticaídas.

- UNE-EN 362:2005. Equipos de protección individual contra caídas de altura. Conectores.

- UNE-EN 795:2012. Equipos de protección individual contra caídas. Dispositivos de anclaje.

- UNE-EN 813:2024. Equipos de protección individual contra caídas. Arneses de asiento. (Ratificada en junio de 2024).

- UNE-EN 1891:1999. Equipos de protección individual para la prevención de caídas desde una altura. Cuerdas trenzadas con funda, semiestáticas.

- UNE-EN 12841:2024. Equipos de protección individual contra caídas. Sistemas de acceso mediante cuerda. Dispositivos de regulación de cuerda. (Ratificada en mayo de 2024)

- UNE-EN 341:2011. Equipos de protección individual contra caídas. Dispositivos de rescate.

- UNE-EN 1497:2008. Equipos de protección individual contra caídas. Arneses de salvamento.

- UNE-EN 1498:2007. Equipos de protección individual contra caídas. Lazos de salvamento.

CUESTIÓN

¿Qué aspectos generales tendremos que considerar cuando seleccionemos los EPI contra caídas de altura?

Cuando seleccionemos los EPI contra caídas, tendremos en cuenta lo siguiente:

- Se debe realizar por personal capacitado y en todo caso se contará con la participación y colaboración de la persona trabajadora.

- Todos los componentes de un sistema deben ser compatibles entre sí.

- Siempre que sea posible, hay que trabajar con un FC (factor de caída) = 0, situando el punto de anclaje por encima de la persona trabajadora, de forma que se minimice el riesgo y la altura de caída.

- Comprobar los requisitos del dispositivo de anclaje o estructura elegidos.

- Tener en cuenta la ergonomía.

- Formación específica para la persona trabajadora.

- No se alterarán ni modificarán los EPI y se utilizarán conforme a las instrucciones de la empresa fabricante.

- Retirar del uso en caso de duda sobre el estado del EPI o cuando haya soportado una caída.

- Verificar el espacio libre requerido bajo el usuario cada vez que se vaya a utilizar un sistema de protección anticaídas.

- Establecer un plan de salvamento y disponer de formación práctica.

3.2. Según su grado de seguridad

Según su grado de seguridad los equipos de protección individual se clasifican en categoría I, II o II.

Los equipos de protección individual se clasifican en tres categorías en función del nivel de protección y de los certificados que obtienen:

Categoría I. EPI para riesgo sencillo.	Categoría II. EPI de protección media.	Categoría III. EPI de protección contra todo peligro mortal o que pueda dañar gravemente.
Proporcionan protección contra (a modo de ejemplo): – Lesiones mecánicas superficiales. – Contacto con materiales de limpieza de acción débil o contacto prolongado con agua. – Contacto con superficies calientes que no excedan de 50.º C. – Lesiones oculares causadas por la luz solar (salvo durante la observación del sol). – Condiciones atmosféricas que no sean de naturaleza extrema, etcétera.	Proporcione protección intermedia (a modo de ejemplo): – EPI específicos para manos, brazos, pies y/o piernas. – Cascos, etcétera.	– Ambientes con bajas temperaturas cuyos efectos sean comparables a los de una temperatura del aire de -50.º C o menos. – Caídas de altura. – Descargas eléctricas y trabajos en tensión. – Ahogamiento. – Cortes por sierras de cadena accionadas a mano; – Chorros de alta presión. – Heridas de bala o arma blanca. – Ruidos nocivos.
– Diseño simple. – Cubren riesgos mínimos. – El usuario puede percibir efectos nocivos a tiempo y sin peligro.	– Diseño medianamente complejo. – No encuadrables en la categoría I por diseño ni en la categoría III por magnitud de riesgo.	– Diseño complejo. – Cubren riesgos graves o de efectos perjudiciales en el tiempo no obvios para el usuario (se incluyen nuevos riesgos como agentes biológicos nocivos, ahogamiento, heridas de balas, ruidos nocivos, etcétera).
Autocertificados por el fabricante.	Certificados tras superar el examen CE de tipo.	Certificados tras superar el examen CE de tipo y someter la producción a control de calidad (producto final o producción vigilada).
Marcado CE.	Marcado CE.	Marcado CE + N.º del organismo notificado para la evaluación de conformidad del sistema de calidad.

Como hemos adelantado, dependiendo de la categoría de riesgo, el **procedimiento de evaluación de la conformidad de cada EPI** será distinto atendiendo al apartado correspondiente del Reglamento (UE) 2016/425 del Parlamento Europeo y del Consejo, de 9 de marzo de 2016:

- **Categoría I:** control interno de la producción (módulo A) a tenor del anexo IV.

- **Categoría II:** examen UE de tipo (módulo B) a tenor del anexo V, seguido de la conformidad con el tipo basada en el control interno de la producción (módulo C) a tenor del anexo VI.

- **Categoría III:** examen UE de tipo (módulo B) a tenor del anexo V, y cualquiera de las opciones siguientes:

  • Conformidad con el tipo basada en el control interno de la producción más un control supervisado de producto a intervalos aleatorios (módulo C2) a tenor del anexo VII.

  • Conformidad con el tipo basada en el aseguramiento de la calidad del proceso de producción (módulo D) a tenor del anexo VIII.

A TENER EN CUENTA. El Reglamento (UE) 2016/425 es el resultado de adaptar la Directiva 89/686/CEE al nuevo marco legislativo (NLF) establecido por la Decisión n.º 768/2008/CE y el Reglamento (CE) n.º 765/2008. Este reglamento establece que si un EPI se ha puesto en mercado con la normativa anterior al 21 de abril de 2019, podrá seguir comercializándose hasta el 21 de abril de 2023.

CUESTIONES

1. Algunos ejemplos de EPI de categoría I que tienen por finalidad proteger al usuario de riesgos mínimos son:

- Guantes de jardinería: protegen al usuario de agresiones mecánicas cuyos efectos son superficiales.

- Delantales de uso profesional: protegen al usuario ante la manipulación de piezas calientes que no supongan exposición a temperaturas superiores a los 50.º C.

2. Algunos ejemplos de EPI de categoría III que tienen por finalidad proteger al usuario de riesgos mortales o irreversibles son:

- Equipos de protección respiratoria filtrantes: protegen al usuario contra los aerosoles sólidos y líquidos o contra los gases irritantes, peligrosos, tóxicos o radio tóxicos.

- Equipos de intervención en ambientes fríos: protegen al usuario frente a una temperatura ambiental igual o inferior a -50.º C.

3. ¿Cuál es la vida útil o plazo de caducidad de un EPI?

El manual de uso de cada equipo permitirá conocer las especificaciones de caducidad y realizar las revisiones y sustituciones necesarias. A modo de ej. de la vida útil recomendada para algunos EPI:

- Calzado de seguridad (UNE-EN ISO 20345:2022):

  » 10 años después de la fecha de fabricación para calzadcs de piel, goma, materiales termoplásticos y EVA.

  » 5 años después de la fecha de fabricación para calzado que incluya PVC.

- » 4 años después de la fecha de fabricación para calzado que incluya PU y TPU.
- Guantes de protección: no establecida, depende del estado de conservación.
- Guantes de material aislante: 6 meses a partir de la fecha de fabricación (UNE-EN 60903:2005).
- Material anticaída: 10 años desde la fecha de fabricación de los mismos, o de cinco años desde la fecha de primer uso (UNE-EN 365:2005).

ANEXO.
FORMULARIOS

Ficha de control de equipos de protección individual (EPI)

1. Ficha del equipo de protección individual

Denominación del EPI: [ESPECIFICAR].

Marca: [ESPECIFICAR].

Modelo: [ESPECIFICAR].

Empresa: [ESPECIFICAR].

Centro de trabajo: [ESPECIFICAR].

Fecha de adquisición: [FECHA].

Fecha de caducidad: [FECHA].

Consulta a los trabajadores (1): fecha de la consulta: [FECHA].

Puesto de trabajo donde es necesario el uso del EPI

	Puesto/ Área de trabajo	Riesgo/s para los que es necesario el uso del EPI Art. 4 del RD 773/1997, de 30 de mayo.	Características del lugar de trabajo Art. 5.1.a) del RD 773/1997, de 30 de mayo.	Características de los trabajadores Art. 5.1.b) del RD 773/1997, de 30 de mayo.
1	[ESPECIFICAR]	[ESPECIFICAR]	[ESPECIFICAR]	[ESPECIFICAR]
2	[ESPECIFICAR]	[ESPECIFICAR]	[ESPECIFICAR]	[ESPECIFICAR]
3	[ESPECIFICAR]	[ESPECIFICAR]	[ESPECIFICAR]	[ESPECIFICAR]

Características del EPI

Características significativas Arts. 6.1. y 6.2 del RD 773/1997, de 30 de mayo	Normas armonizadas aplicables Arts. 6.1. y 6.2 del RD 773/1997, de 30 de mayo	Uso conjunto con otros EPI Art. 5.2 del RD 773/1997, de 30 de mayo
[ESPECIFICAR]	[ESPECIFICAR]	[ESPECIFICAR]
[ESPECIFICAR]	[ESPECIFICAR]	[ESPECIFICAR]
[ESPECIFICAR]	[ESPECIFICAR]	[ESPECIFICAR]

Formación e información relevante para los trabajadores (arts. 7 y 8 del Real Decreto 773/1997, de 30 de mayo). (2)

Instrucciones de uso	Instrucciones de mantenimiento (3)
[ESPECIFICAR]	[ESPECIFICAR]

Observaciones

[ESPECIFICAR]

[FIRMA]

Firma de la persona trabajadora.

[SELLO Y FIRMA DE LA EMPRESA]

[La empresa/Responsable de prevención].

Fecha: [FECHA].

2. Ficha de entrega del equipo de protección individual

Datos de la persona trabajadora

Nombre: [ESPECIFICAR].

Puesto de trabajo: [ESPECIFICAR].

Equipo de protección individual:

- Tipo de EPI: [ESPECIFICAR].
- Marca: [ESPECIFICAR].
- Modelo: [ESPECIFICAR].

Características personales que se han tenido en cuenta: [ESPECIFICAR]. (4)

Fecha de entrega: [ESPECIFICAR].

Núm. de unidades entregadas: [ESPECIFICAR].

Información y formación

a) Información recibida

- [ESPECIFICAR].

- [ESPECIFICAR].

- [ESPECIFICAR].

- [ESPECIFICAR].

Fecha: [FECHA].

b) Formación recibida

- [ESPECIFICAR].

- [ESPECIFICAR].

- [ESPECIFICAR].

Fecha: [FECHA].

Uso del EPI

El destinatario del EPI se compromete a:

- Utilizar el equipo en todas las situaciones que se le haya indicado y siempre que acceda a áreas en las que su uso sea obligatorio.

- Seguir las instrucciones recibidas en lo relativo al cuidado y mantenimiento del equipo.

- Consultar cualquier duda sobre la correcta utilización del equipo.

- Informar inmediatamente de cualquier defecto, anomalía o daño que pudiera apreciar en el equipo.

Observaciones

[ESPECIFICAR]

[FIRMA]

Firma de la persona trabajadora.

Fecha: [FECHA].

---

(1) Participación de los trabajadores en la selección del EPI a través de órganos consultivos correspondientes.

(2) Anexar folleto informativo y cualquier información relativa al EPI que pueda ser interesante considerar en información y formación para los trabajadores, tales como contenido, duración, quién, cuándo, cómo se imparte, etcétera.

(3) Anexar las instrucciones de mantenimiento indicando las operaciones a realizar, quién es el responsable y cuándo deben realizarse.

(4) Tenido en cuenta talla, sexo, posibles alergias, etcétera.

Modelo de solicitud de equipos de protección individual (EPI) por parte de los delegados de prevención

En [PROVINCIA], [DÍA] de [MES] de [AÑO].

D./D.ª [NOMBRE_TRABAJADOR_A]. Delegado/a de Prevención.

A la dirección de la empresa [NOMBRE_EMPRESA].

Estimados señores/as:

De acuerdo con el art. 17 de la Ley 31/1995, de 8 de noviembre, de Prevención de Riesgos Laborales (LPRL), le solicitamos que en los puestos de trabajo que se relacionan sean entregados los equipos de protección individual adecuados a los riesgos específicos al puesto:

- Puesto 1: [ESPECIFICAR].
- Puesto 2: [ESPECIFICAR].
- Puesto 3: [ESPECIFICAR].

Además, solicitamos que las personas trabajadoras afectadas sean informadas adecuadamente de acuerdo con el art. 18 de la LPRL.

Para todo lo anterior, resulta preceptivo que los delegados de prevención sean consultados previamente sobre el tipo de equipos de protección individual que elija la empresa de acuerdo con el art. 33.1.a) de la LPRL.

Recordándole la necesidad de planificación y organización en todo lo relacionado con la seguridad y la salud de los trabajadores al amparo del citado art. 33 de la Ley 31/1995, de 8 de noviembre, de Prevención de Riesgos Laborales; y esperando su contestación por escrito junto con la puesta en marcha de los procedimientos adecuados para la entrega de los EPI.

Reciba un cordial saludo.

[FIRMA]

Delegado/a de Prevención.

Recibí:

[SELLO_Y_FIRMA_EMPRESA]

La empresa.

Registro de la entrega de equipos de protección individual al trabajador

En [PROVINCIA], a [DÍA] de [MES] de [AÑO].

[DATOS_EMPRESA].

La persona trabajadora D./D.ª [NOMBRE_PERSONA_TRABAJADORA].

Del centro de trabajo [LUGAR_CENTRO_TRABAJO].

El trabajador/a arriba indicado, reconoce haber recibido, por parte de [NOMBRE_ EMPRESA], en buen estado de conservación, obligatorios para sus funciones y puesto de trabajo, los siguientes equipos de protección individual, para dar cumplimiento a la normativa de riesgos laborales:

1. [DESCRIPCIÓN].
2. [DESCRIPCIÓN].
3. [DESCRIPCIÓN].

Asimismo el trabajador es conocedor de la obligatoriedad de su uso y responsable del correcto cuidado de los EPI, aceptando el compromiso que se le solicita de:

a) Utilizar los mencionados equipos durante su jornada laboral

b) Consultar cualquier duda sobre su correcta utilización, teniendo cuidado en su conservación y mantenimiento.

c) Solicitar un nuevo equipo en caso de pérdida o deterioro del mismo.

[SELLO_Y_FIRMA_EMPRESA]

La empresa.

Nombre del trabajador: [NOMBRE_PERSONA_TRABAJADORA].
Cargo que desempeña: [GRUPO_PROFESIONAL].
Área de trabajo: [ESPECIFICAR].

Equipo de Protección Individual (EPI)	Marca/Modelo	Caducidad	Motivo (1)	Fecha de entrega	Firma del trabajador

Con la firma del presente documento, el trabajador se compromete a mantener los elementos de protección personal en buen estado y declara haberlos recibido de forma gratuita.

[FIRMA]

D./D.ª [NOMBRE_PERSONA_TRABAJADORA].

[FIRMA_Y_SELLO_EMPRESA]

La empresa.

Ley 31/1995, de 8 de noviembre, de Prevención de Riesgos Laborales (LPRL) Artículo 29. Obligaciones de los trabajadores en materia de prevención de riesgos.

«1. Corresponde a cada trabajador velar, según sus posibilidades y mediante el cumplimiento de las medidas de prevención que en cada caso sean adoptadas, por su propia seguridad y salud en el trabajo y por la de aquellas otras personas a las que pueda afectar su actividad profesional, a causa de sus actos y omisiones en el trabajo, de conformidad con su formación y las instrucciones del empresario.

2. Los trabajadores, con arreglo a su formación y siguiendo las instrucciones del empresario, deberán en particular:

1.º Usar adecuadamente, de acuerdo con su naturaleza y los riesgos previsibles, las máquinas, aparatos, herramientas, sustancias peligrosas, equipos de transporte y, en general, cualesquiera otros medios con los que desarrollen su actividad.

2.º Utilizar correctamente los medios y equipos de protección facilitados por el empresario, de acuerdo con las instrucciones recibidas de éste.

3.º No poner fuera de funcionamiento y utilizar correctamente los dispositivos de seguridad existentes o que se instalen en los medios relacionados con su actividad o en los lugares de trabajo en los que ésta tenga lugar.

4.º Informar de inmediato a su superior jerárquico directo, y a los trabajadores designados para realizar actividades de protección y de prevención o, en su caso, al servicio de prevención, acerca de cualquier situación que, a su juicio, entrañe, por motivos razonables, un riesgo para la seguridad y la salud de los trabajadores.

5.º Contribuir al cumplimiento de las obligaciones establecidas por la autoridad competente con el fin de proteger la seguridad y la salud de los trabajadores en el trabajo.

6.º Cooperar con el empresario para que éste pueda garantizar unas condiciones de trabajo que sean seguras y no entrañen riesgos para la seguridad y la salud de los trabajadores.

3. El incumplimiento por los trabajadores de las obligaciones en materia de prevención de riesgos a que se refieren los apartados anteriores tendrá la consideración de incumplimiento laboral a los efectos previstos en el artículo

58.1 del Estatuto de los Trabajadores o de falta, en su caso, conforme a lo establecido en la correspondiente normativa sobre régimen disciplinario de los funcionarios públicos o del personal estatutario al servicio de las Administraciones públicas. Lo dispuesto en este apartado será igualmente aplicable a los socios de las cooperativas cuya actividad consista en la prestación de su trabajo, con las precisiones que se establezcan en sus Reglamentos de Régimen Interno».

Real Decreto 773/1997, de 30 de mayo (disposiciones mínimas de seguridad y salud relativas a la utilización por los trabajadores de equipos de protección individual)

Artículo 10. Obligaciones de los trabajadores.

«En aplicación de lo dispuesto en el presente Real Decreto, los trabajadores, con arreglo a su formación y siguiendo las instrucciones del empresario, deberán en particular:

a) Utilizar y cuidar correctamente los equipos de protección individual.

b) Colocar el equipo de protección individual después de su utilización en el lugar indicado para ello.

c) Informar de inmediato a su superior jerárquico directo de cualquier defecto, anomalía o daño apreciado en el equipo de protección individual utilizado que, a su juicio, pueda entrañar una pérdida de su eficacia protectora».

---

(1) Indicar: 1.ª entrega, cambio, deterioro, pérdida, robo, etc.

Formulario (indicativo) para el inventario de los riesgos con el fin de utilizar equipos de protección individual

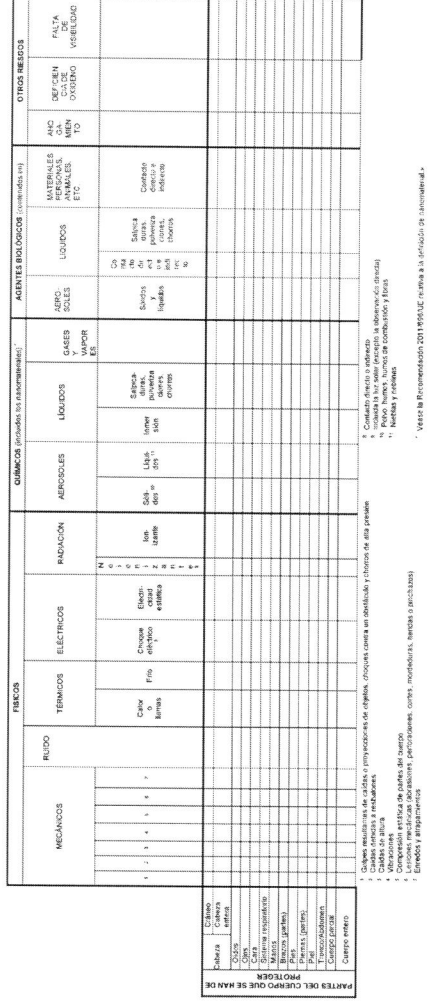

Anexo I del Real Decreto 773/1997, de 30 de mayo

En la tabla indicada arriba, se establece un modelo que puede servir de base para la tasación de los riesgos a los que están expuestas las diferentes partes del cuerpo y tener una referencia para protegerlas correctamente.

143

Información al trabajador en materia de prevención de riesgos laborales

En [LUGAR], en [FECHA].

[DATOS_EMPRESA].

Sr./Sra. D./D.ª [NOMBRE_PERSONA_TRABAJADORA].

Por la presente le comunicamos, a fin de dar cumplimiento al deber de protección establecido en el art. 18.1 de la Ley de Prevención de Riesgos Laborales, que en la evaluación de riesgos realizada en la empresa [NOMBRE_EMPRESA], constan para su puesto de trabajo y funciones, los riesgos específicos, y, en consecuencia, las pertinentes medidas preventivas de:

PUESTO DE TRABAJO/FUNCIÓN	RIESGOS ESPECÍFICOS	MEDIDAS PREVENTIVAS

Por la existencia de todo ello, ponemos a su disposición el siguiente equipo de protección individual: [DESCRIPCIÓN], y le informamos que deberá utilizar los siguientes medios de protección colectivos: [DESCRIPCIÓN].

De igual modo, le informamos que, en caso de emergencia, las medidas necesarias serán las siguientes [DESCRIPCIÓN], siendo sus obligaciones las de [DESCRIPCIÓN].

Por último, le recordamos que la utilización de los equipos de protección a su disposición y el cumplimiento de las medidas preventivas indicadas son estrictamente obligatorias suponiendo cualquier incumplimiento por su parte, la pertinente sanción disciplinaria.

Con el ruego de que firme el duplicado de la comunicación que se acompaña, atentamente, le saluda,

[FIRMA_Y_SELLO_EMPRESA]

La empresa.

Recibí:

[FIRMA]

D./D.ª [NOMBRE_PERSONA_TRABAJADORA].

Carta de sanción grave al trabajador por utilización incorrecta de los medios y equipos de protección

En [LOCALIDAD], a [DÍA] de [MES] de [AÑO].

[DATOS_EMPRESA].

Sr./Sra. D./D.ª [NOMBRE_PERSONA_TRABAJADORA].

Muy Señor/a nuestro/a:

Se ha podido constatar que el pasado día [DÍA] de [MES] de [AÑO], a las [HORA] horas, usted realizó su actividad de [FUNCIONES_PERSONA_TRABAJADORA] sin la utilización de los equipos de protección individual facilitados por la empresa y en su caso [DESCRIPCIÓN]. Dicha actuación, de la que tenemos constancia a través de [ESPECIFICAR], contraviene las normas del artículo 29 de la Ley 31/1995, de 8 de noviembre, de Prevención de Riesgos Laborales (1), así como el artículo [NÚM_ARTÍCULO] del vigente convenio colectivo de [CONVENIO_COLECTIVO_APLICABLE] por el que se rige esta empresa, siendo su conducta constitutiva de FALTA GRAVE. (2)

Según la citada norma de Prevención de Riesgos Laborales, «corresponde a cada trabajador velar, según sus posibilidades y mediante el cumplimiento de las medidas de prevención que en cada caso sean adoptadas, por su propia seguridad y salud en el trabajo y por la de aquellas otras personas a las que pueda afectar su actividad profesional, a causa de sus actos y omisiones en el trabajo, de conformidad con su formación y las instrucciones del empresario».

Es por ello, al amparo de las facultades que me confiere el artículo [NÚM_ARTÍCULO] del citado convenio colectivo y el artículo 58.1 del Real Decreto Legislativo 2/2015, de 23 de octubre, por el que se aprueba el texto refundido de la Ley del Estatuto de los Trabajadores, la dirección de esta empresa ha resuelto imponerle la sanción de [ESPECIFICAR], la que empezará a computarse a partir del día [DÍA] de [MES] de [AÑO].

Todo esto, sin perjuicio de su derecho a impugnar esta decisión, en caso de que lo considere oportuno, por lo cauces previstos en el artículo 114 de la Ley 36/2011, de 10 de octubre, reguladora de la jurisdicción social. (3)

Con el ruego de que firme el duplicado de la comunicación que se acompaña, le saluda, atentamente,

[FIRMA_Y_SELLO_EMPRESA]

La empresa.

Recibí:

[FIRMA]

D./D.ª [NOMBRE_PERSONA_TRABAJADORA].

(1) El art. 29 de la LPRL, establece las obligaciones de los trabajadores en materia de prevención de riesgos.

(2) Los trabajadores podrán ser sancionados por la dirección de las empresas en virtud de incumplimientos laborales, de acuerdo con la graduación de faltas y sanciones que se establezcan en las disposiciones legales o en el convenio colectivo que sea aplicable (art. 58.1 del ET).

(3) La valoración de las faltas y las correspondientes sanciones impuestas por la dirección de la empresa serán siempre revisables ante la jurisdicción social (art. 58.2 del ET). Correspondiendo al empresario probar la realidad de los hechos imputados al trabajador, y su entidad, sin que puedan ser admitidos otros motivos de oposición a la demanda que los alegados en su momento para justificar la sanción (art. 114.3 de la LJS).

Documento de control sobre el uso de EPI comunicando la existencia de incidencia

Documento de control sobre el uso de equipos de protección individual

En [LOCALIDAD], a [DÍA] de [MES] de [AÑO].

[DATOS_EMPRESA].

1. Fecha, hora y lugar del control

[ESPECIFICAR].

[CENTRO_TRABAJO].

2. Encargado/a del control

D./D.ª [NOMBRE].

[CARGO].

3. Descripción de la incidencia

[EPI Y TIPO DE INCIDENCIA]. (1)

[OBSERVACIONES]. (2)

4. Datos de la/s persona/s trabajadora/s implicada/s en la incidencia

[ESPECIFICAR]. (3)

Ante los hechos descritos, la dirección de la empresa le recuerda las obligaciones de los trabajadores en materia de prevención de riesgos establecidas en el artículo 29 de la Ley 31/1995, de 8 de noviembre, de prevención de riesgos laborales:

1.º Usar adecuadamente, de acuerdo con su naturaleza y los riesgos previsibles, las máquinas, aparatos, herramientas, sustancias peligrosas, equipos de transporte y, en general, cualesquiera otros medios con los que desarrollen su actividad.

2.º Utilizar correctamente los medios y equipos de protección facilitados por el empresario, de acuerdo con las instrucciones recibidas de este.

3.º No poner fuera de funcionamiento y utilizar correctamente los dispositivos de seguridad existentes o que se instalen en los medios relacionados con su actividad o en los lugares de trabajo en los que esta tenga lugar.

4.º Informar de inmediato a su superior jerárquico directo, y a los trabajadores designados para realizar actividades de protección y de prevención o, en su caso, al servicio de prevención, acerca de cualquier situación que, a su juicio, entrañe, por motivos razonables, un riesgo para la seguridad y la salud de los trabajadores.

5.º Contribuir al cumplimiento de las obligaciones establecidas por la autoridad competente con el fin de proteger la seguridad y la salud de los trabajadores en el trabajo.

6.º Cooperar con el empresario para que este pueda garantizar unas condiciones de trabajo que sean seguras y no entrañen riesgos para la seguridad y la salud de los trabajadores.

El incumplimiento por los trabajadores de las obligaciones en materia de prevención de riesgos a que se refieren los apartados anteriores tendrá la consideración de incumplimiento laboral a los efectos previstos en el artículo 58.1 del Estatuto de los Trabajadores o de falta, en su caso, conforme a lo establecido en el artículo [NÚMERO] del [CONVENIO_COLECTIVO_APLICABLE], donde se especifica que [NÚMERO] o más incumplimientos a este respecto serán objeto de sanción por parte de esta empresa.

Atentamente,

[FIRMA_Y_SELLO_EMPRESA]

La empresa.

Recibí:

[FIRMA]

D./D.ª [NOMBRE_PERSONA_TRABAJADORA].

---

(1) Especificar el tipo de EPI y la incidencia detectada de forma concreta: falta de uso, uso incorrecto, equipo en mal estado o deteriorado, pérdida o robo, etcétera.

(2) Descripción del incumplimiento detectado.

(3) En caso de reiteración en la conducta o haber recibido avisos previos indicar.

Documento de consulta de equipos de trabajo con representantes de los trabajadores y encargados de prevención

En [PROVINCIA], [DÍA] de [MES] de [AÑO].

[DATOS_EMPRESA].

A [los delegados de personal/al comité de empresa] de [NOMBRE_EMPRESA].

Muy Sres./as nuestros/as:

Por medio del presente escrito, en cumplimiento de lo dispuesto en los arts. 16.2.a), 33 y 36 de la Ley 31/1995, de 8 de noviembre, de prevención de riesgos laborales, en materia de derecho de información de los representantes legales de los trabajadores, y con carácter previo a la adquisición por parte de la empresa de [MAQUINARIA, EQUIPOS, PRODUCTOS, ÚTILES DE TRABAJO, ETCÉTERA], adjuntamos el siguiente **documento de consulta con los datos del equipo que hemos seleccionado.**

Rogándole/s se sirva/n de firmar la copia de la presente como acuse de recibo de la misma, atentamente,

[SELLO_Y_FIRMA_EMPRESA]

La empresa.

DATOS DEL EQUIPO DE TRABAJO

Centro de trabajo: [DIRECCIÓN].

Ubicación del equipo: [ESPECIFICAR].

Nombre/Clase/Tipo de equipo: [ESPECIFICAR].

Función principal: [ESPECIFICAR].

Fecha de compra: [ESPECIFICAR].

N.º de serie: [ESPECIFICAR].

Año de fabricación: [ESPECIFICAR].

Marcado «CE»: [ESPECIFICAR].

Declaración de conformidad «CE» tipo: [ESPECIFICAR].

Manual de instrucciones en castellano: [ESPECIFICAR].

Observaciones:

- [ESPECIFICAR].

- [ESPECIFICAR].

- [ESPECIFICAR]. (1)

Responsable unidad: [NOMBRE].

[SELLO_Y_FIRMA_EMPRESA]

La empresa.

Recibí,

[FIRMA]
[DELEGADO_PERSONAL_O_COMITE_EMPRESA].

---

(1) Descripción de posibles riesgos sin controlar o no evitables (partes móviles accesibles, etc.).